Editionen für den Literaturunterricht
Herausgegeben von Thomas Kopfermann

W0202628

Lyrik der Nachkriegszeit 1945–1960

mit Materialien,
ausgewählt von Thomas Kopfermann

Ernst Klett Schulbuchverlag Leipzig
Leipzig Stuttgart Düsseldorf

1. Auflage 1 5 4 3 2 1 | 2009 2008 2007 2006 2005

Alle Drucke dieser Ausgabe können im Unterricht nebeneinander benutzt werden, sie sind untereinander unverändert. Die letzte Zahl bezeichnet das Jahr dieses Druckes.

Die Materialien folgen der reformierten Rechtschreibung. Ausnahmen bilden Texte, bei denen künstlerische, philologische oder lizenzrechtliche Gründe einer Änderung entgegenstehen.

Fotomechanische und andere Wiedergabeverfahren nur mit Genehmigung des Verlages.
Materialien: © Ernst Klett Schulbuchverlag Leipzig GmbH, Leipzig 2005.
Alle Rechte vorbehalten.
Internetadresse: http://www.klett.de

Das Werk und seine Einzelteile sind urheberrechtlich geschützt. Jede Nutzung in anderen als den gesetzlich zugelassenen Fällen bedarf der vorherigen schriftlichen Einwilligung des Verlages. Hinweis zu § 52a UrhG: Weder das Werk noch seine Teile dürfen ohne eine solche Einwilligung eingescannt und in ein Netzwerk eingestellt werden. Dies gilt auch für Intranets von Schulen und sonstigen Bildungseinrichtungen.

Herstellung: Dea Hädicke
Satz: Annett Semmler
Umschlaggestaltung: Sandra Schneider nach Entwürfen von MetaDesign, Berlin
Umschlagfoto: Süddeutscher Verlag (G. Pfeiffer), München
Reproduktion: Meyle + Müller, Medien-Management, Pforzheim
Druck: Ebner & Spiegel, Ulm

Printed in Germany

ISBN: 3-12-352411-6

Inhaltsverzeichnis

I Signatur der Epoche: Bewältigung und ihre Sprachen

Bertolt Brecht

Die Rückkehr

Die Vaterstadt, wie find ich sie doch?
Folgend den Bomberschwärmen
Komm ich nach Haus.
Wo denn liegt sie? Wo die ungeheueren
Gebirge von Rauch stehn.
Das in den Feuern dort
Ist sie.

Die Vaterstadt, wie empfängt sie mich wohl?
Vor mir kommen die Bomber. Tödliche Schwärme
Melden euch meine Rückkehr. Feuersbrünste
Gehen dem Sohn voraus.
(1943/v. 1949)

Bertolt Brecht

Kriegsfibel Nr. 65

Das sind die Städte, wo wir unser „Heil!"
Den Weltzerstörern einst entgegenröhrten.
Und unsre Städte sind auch nur ein Teil
Von all den Städten, welche wir zerstörten.
(v. 1955)

Das sind die Städte, wo wir unser Heil!
Den Weltzerstörern einst entgegenröhrten.
Und unsre Städte sind auch nur ein Teil
Von all den Städten, welche wir zerstörten.

Inge Müller

Unterm Schutt III

Als ich Wasser holte fiel ein Haus auf mich
Wir haben das Haus getragen
Der vergessene Hund und ich.
Fragt mich nicht wie
Ich erinnere mich nicht.
Fragt den Hund wie.
(postum veröffentlicht 1976)

Günter Eich

Inventur

Dies ist meine Mütze,
dies ist mein Mantel,
hier mein Rasierzeug
im Beutel aus Leinen.

Konservenbüchse:
Mein Teller, mein Becher,
ich hab in das Weißblech
den Namen geritzt.

Geritzt hier mit diesem
kostbaren Nagel,
den vor begehrlichen
Augen ich berge.

Im Brotbeutel sind
ein Paar wollene Socken
und einiges, was ich
niemand verrate,

so dient es als Kissen
nachts meinem Kopf.
Die Pappe hier liegt
zwischen mir und der Erde.

Die Bleistiftmine
lieb ich am meisten:
Tags schreibt sie mir Verse,
die nachts ich erdacht.

Dies ist mein Notizbuch,
dies ist meine Zeltbahn,
dies ist mein Handtuch,
dies ist mein Zwirn.

(1945/ v. 1948)

Gottfried Benn

Ach, das ferne Land –

Ach, das ferne Land,
wo das Herzzerreißende
auf runden Kiesel
oder Schilffläche libellenflüchtig
anmurmelt,
auch der Mond
verschlagenen Lichts
– halb Reif, halb Ährenweiß –
den Doppelgrund der Nacht
so tröstlich anhebt –

ach, das ferne Land,
wo vom Schimmer der Seen
die Hügel warm sind,
zum Beispiel Asolo, wo die Duse ruht,
von Pittsburg trug sie der „Duilio" heim,
alle Kriegsschiffe, auch die englischen, flaggten halbmast,
als er Gibraltar passierte –

dort Selbstgespräche
ohne Beziehungen auf Nahes,
Selbstgefühle
frühe Mechanismen,
Totemfragmente
in die weiche Luft –
etwas Rosinenbrot im Rock –
so fallen die Tage,
bis der Ast am Himmel steht,
auf dem die Vögel einruhn
nach langem Flug.

(datiert 3. 1. 1945)

Nelly Sachs
O die Schornsteine

Und wenn diese meine Haut
zerschlagen sein wird, so
werde ich ohne mein Fleisch
Gott schauen.

Hiob

O die Schornsteine
Auf den sinnreich erdachten Wohnungen des Todes,
Als Israels Leib zog aufgelöst in Rauch
Durch die Luft –
Als Essenkehrer ihn ein Stern empfing
Der schwarz wurde
Oder war es ein Sonnenstrahl?

O die Schornsteine!
Freiheitswege für Jeremias und Hiobs Staub –
Wer erdachte euch und baute Stein auf Stein
Den Weg für Flüchtlinge aus Rauch?

O die Wohnungen des Todes,
Einladend hergerichtet
Für den Wirt des Hauses, der sonst Gast war –
O ihr Finger,
Die Eingangsschwelle legend
Wie ein Messer zwischen Leben und Tod –

O ihr Schornsteine,
O ihr Finger,
Und Israels Leib im Rauch durch die Luft!
(v. 1945)

Lotte Paepcke
Wörter

Als die Gefahr vorüber war
und das Gas verströmt,
als es keine Brücken mehr gab
und die Häuser waren auf,
als die Stadt ihren Namen vergessen hatte
und die Kirchen ihre Lieder suchten,
als die Plätze zerplatzt waren
und die Straßen gerissen,
als es in Öfen kein Feuer gab
und in Kleidern nicht Wärme:
da suchte ich die Wörter einzusammeln
verloren gegangen
im Land. Wenige fand ich
und brachte sie heim.
Viele waren in fremde Münder gefallen,
viele verendet in feindlichen Stunden.
Manche fielen
nach ihrer Rückkehr
den Füßen zum Opfer
die geschritten kamen
ihrer viele
von überall her
und neuen Tritt fassten
überall hin.
(v. 1980)

II Lyrik in der Zeit – Längsschnitt

Erich Kästner

Die Jugend hat das Wort

Ihr seid die Ält'ren. Wir sind jünger.
Ihr steht am Weg mit gutem Rat.
Mit scharfgespitztem Zeigefinger
weist ihr uns auf den neuen Pfad.

Ihr habt das wundervoll erledigt.
Vor einem Jahr schriet ihr noch „Heil!"
Man staunt, wenn ihr jetzt „Freiheit" predigt
wie kurz vorher das Gegenteil.

Wir sind die Jüng'ren. Ihr seid älter.
Doch das sieht auch das kleinste Kind:
Ihr sprecht von Zukunft, meint Gehälter
und hängt die Bärte nach dem Wind!

Nun kommt ihr gar, euch zu beschweren,
dass ihr bei uns nichts Recht's erreicht?
O, schweigt mit euren guten Lehren!
Es heißt: Das Alter soll man ehren …
Das ist mitunter, das ist mitunter,
das ist mitunter gar nicht leicht.

Wir wuchsen auf in eurem Zwinger.
Wir wurden groß mit eurem Kult.
Ihr seid die Ält'ren. Wir sind jünger.
Wer älter ist, hat länger schuld.

Wir hatten falsche Ideale?
Das mag schon stimmen, bitte sehr.
Doch was ist nun? Mit einem Male
Besitzen wir selbst die nicht mehr!

Um unser Herz wird's kalt und kälter.
Wir sind so müd' und ohn' Entschluss.
Wir sind die Jüng'ren. Ihr seid älter.
Ob man euch wirklich – lieben muss?

Ihr wollt erklären und bekehren.
Wir aber denken ungefähr:
›Wenn wir doch nie geboren wären!‹
Es heißt: Das Alter soll man ehren …
Das ist mitunter, das ist mitunter
Das ist mitunter furchtbar schwer.
(v. 1946)

Wolfgang Bächler
Die Erde bebt noch

Die Erde bebt noch unter den Stiefeltritten,
Die Wiesen grünen wieder, Jahr für Jahr.
Die Qualen bleiben, die wir einst erlitten,
ins Antlitz, in das Wesen eingeschnitten.
In unsren Träumen lebt noch oft, was war.

Das Blut versickerte, das wir vergossen.
Die Narben brennen noch und sind noch rot.
Die Tränen trockneten, die um uns flossen.
In Lust und Fluch und Lächeln eingeschlossen
begleitet uns, vertraut für immer, nun der Tod.

Die Städte bröckeln noch in den Gewitternächten.
Der Wind weht Asche in den Blütenstaub
und das Geröchel der Erstickten aus den Schächten.
Doch auf den Märkten stehen schon die Selbstgerechten
und schreien unsere und ihre Ohren taub.

Die Sonne leuchtet wieder wie in Kindertagen.
Die Schatten fallen tief in uns hinein.
Sie überdunkeln unser helles Fragen.
Und auf den Hügeln, wo die Kreuze ragen,
wächst säfteschwer ein herber neuer Wein.
(v. 1947)

Günter Eich
Latrine

Über stinkendem Graben,
Papier voll Blut und Urin,
umschwirrt von funkelnden Fliegen,
hocke ich in den Knien,

den Blick auf bewaldete Ufer,
Gärten, gestrandetes Boot.
In den Schlamm der Verwesung
klatscht der versteinte Kot.

Irr mir im Ohre schallen
Verse von Hölderlin.
In schneeiger Reinheit spiegeln
Wolken sich im Urin.

»Geh aber nun und grüße
die schöne Garonne –«
Unter den schwankenden Füßen
schwimmen die Wolken davon.
(v. 1948)

Stephan Hermlin

Die Asche von Birkenau

Leicht wie später Wind, wie die Kühle,
Vorm Regen die Schwalbenbahn,
Wie Gewölk nach getränkter Schwüle,
Wie der Pollen vom Löwenzahn,
Leicht wie der Schnee auf den Lidern der Toten,
Wie ein alter Kinderreihn,
Wie Schmetterlingslast am roten
Mund der Nelke, leicht wie ein
Gericht, das die Kranken essen,
Wenn sie am Sterben sind,
So leicht ist das Vergessen,
Wie Kühle und später Wind ...

Wo Tag sich und Nacht verflechten,
Der Rost am Geleise frisst,
Ist die Asche der Gerechten, Ungerächten
Am Mast der Winde gehisst.
Birkenau ohne Birken
Liegt abends ganz allein,
Und die Disteln wirken
Zeichen über den Stein.
Als auf den Feldern von Polen
Die Mittagsdistel erblich,
Hieß die Erde an meinen Sohlen
Entsinne dich ...

Schwer wie im Berg das Eisen,
Wie das Schweigen vor dem Entschluss,
Wie der Baumsturz an Nebelschneisen,
Wie auf unsern Lippen der Ruß
Von denen, die man verbrannte,
Schwer wie das letzte Fahrwohl;
Die man ins Gas sandte,
Waren des Lebens voll,
Liebten die Dämmerung, die Liebe,

Den Drosselschlag, waren jung;
Schwer wie vom Sturm Wolkengeschiebe
Ist die Erinnerung.

Doch die sich entsinnen,
Sind da, sind viele, werden mehr.
Kein Mörder wird entrinnen,
Kein Nebel fällt um ihn her.
Wo er den Menschen angreift,
Da wird er gestellt.
Saat von eisernen Sonnen,
Fliegt die Asche über die Welt.
Allen, Alten und Jungen,
Wird die Asche zum Wurf gereicht,
Schwer wie Erinnerungen
Und wie Vergessen leicht.

Die da *Frieden* sagen
Millionenfach,
Werden die Herren verjagen,
Bieten dem Tode Schach,
Die an die Hoffnung glauben,
Sehen die Birken grün,
Wenn die Schatten der Tauben
Über die Asche fliehn:
Lied des Todes, verklungen,
Das jäh dem Leben gleicht:
Schwer wie Erinnerungen
Und wie Vergessen leicht.
(v. 1949)

Walter Höllerer

Der lag besonders mühelos am Rand

Der lag besonders mühelos am Rand
Des Weges. Seine Wimpern hingen
Schwer und zufrieden in die Augenschatten.
Man hätte meinen können, dass er schliefe.

Aber sein Rücken war (wir trugen ihn,
Den Schweren, etwas abseits, denn er störte sehr
Kolonnen, die sich drängten) dieser Rücken
War nur ein roter Lappen, weiter nichts.

Und seine Hand (wir konnten dann den Witz
Nicht oft erzählen, beide haben wir
Ihn schnell vergessen) hatte, wie ein Schwert,
Den hart gefrorenen Pferdemist gefasst,

Den Apfel, gelb und starr,
Als wär es Erde oder auch ein Arm
Oder ein Kreuz, ein Gott: Ich weiß nicht was.
Wir trugen ihn da weg und in den Schnee.
(v. 1950)

Gottfried Benn

Fragmente

Fragmente,
Seelenauswürfe,
Blutgerinnsel des zwanzigsten Jahrhunderts –

Narben – gestörter Kreislauf der Schöpfungsfrühe,
die historischen Religionen von fünf Jahrhunderten
zertrümmert,
die Wissenschaft: Risse im Parthenon,
Planck rann mit seiner Quantentheorie
zu Kepler und Kierkegaard neu getrübt zusammen –

aber Abende gab es, die gingen in den Farben
des Allvaters, lockeren, weit wallenden,
unumstößlich in ihrem Schweigen
geströmten Blaus,
Farbe der Introvertierten
da sammelte man sich
die Hände auf das Knie gestützt
bäuerlich, einfach
und stillem Trunk ergeben
bei den Harmonikas der Knechte –

und andere
gehetzt von inneren Konvoluten,
Wölbungsdrängen,
Stilbaukompressionen
oder Jagden nach Liebe.

Ausdruckskrisen und Anfälle von Erotik:
das ist der Mensch von heute,
das Innere ein Vakuum,
die Kontinuität der Persönlichkeit
wird gewahrt von den Anzügen,
die bei gutem Stoff zehn Jahre halten.

Der Rest Fragmente,
halbe Laute,
Melodienansätze aus Nachbarhäusern,
Negerspirituals
oder Ave Marias.
(v. 1951)

Ingeborg Bachmann
Alle Tage

Der Krieg wird nicht mehr erklärt,
sondern fortgesetzt. Das Unerhörte
ist alltäglich geworden. Der Held
bleibt den Kämpfen fern. Der Schwache
ist in die Feuerzonen gerückt.
Die Uniform des Tages ist die Geduld,
die Auszeichnung der armselige Stern
der Hoffnung über dem Herzen.

Er wird verliehen,
wenn nichts mehr geschieht,
wenn das Trommelfeuer verstummt,
wenn der Feind unsichtbar geworden ist
und der Schatten ewiger Rüstung
den Himmel bedeckt.

Er wird verliehen
für die Flucht von den Fahnen,
für die Tapferkeit vor dem Freund,
für den Verrat unwürdiger Geheimnisse
und die Nichtachtung
jeglichen Befehls.
(v. 1952)

Bertolt Brecht
Die Lösung

Nach dem Aufstand des 17. Juni
Ließ der Sekretär des Schriftstellerverbands
In der Stalinallee Flugblätter verteilen,
Auf denen zu lesen war, daß das Volk
Das Vertrauen der Regierung verscherzt habe
Und es nur durch verdoppelte Arbeit
Zurückerobern könne. Wäre es da
Nicht doch einfacher, die Regierung
Löste das Volk auf und
Wählte ein anderes?
(v. 1953)

Johannes Bobrowski
Kindheit

Da hab ich
den Pirol geliebt –
das Glockenklingen, droben
auf scholls, nieder sanks
durch das Laubgehäus,

wenn wir hockten am Waldrand,
auf einen Grashalm reihten
rote Beeren; mit seinem
Wägelchen zog der graue
Jude vorbei.

Mittags dann in der Erlen
Schwarzschatten standen die Tiere,
peitschten zornigen Schwanzschlags
die Fliegen davon.

Dann fiel die strömende, breite
Regenflut aus dem offenen
Himmel; nach allem Dunkel
schmeckten die Tropfen,
wie Erde.

Oder die Burschen kamen
den Uferpfad her mit den Pferden,
auf den glänzenden braunen
Rücken ritten sie lachend
über die Tiefe.

Hinter dem Zaun
wölkte Bienengetön
Später, durchs Dornicht am Schilfsee,
fuhr die Silberrassel
der Angst.
Es verwuchs, eine Hecke,
Düsternis Fenster und Tür.

Da sang die Alte in ihrer
duftenden Kammer. Die Lampe
summte. Es traten die Männer
herein, sie riefen den Hunden
über die Schulter zu.

Nacht, lang verzweigt im Schweigen –
Zeit, entgleitender, bittrer
von Vers zu Vers während:
Kindheit –
da hab ich den Pirol geliebt –
(v. 1954)

Peter Huchel

Chausseen, Chausseen

Chronik: Dezember 1942

Wie Wintergewitter ein rollender Hall.
Zerschossen die Lehmwand von Bethlehems Stall.

Es liegt Maria erschlagen vorm Tor,
Ihr blutig Haar an die Steine fror.

Drei Landser ziehen vermummt vorbei.
Nicht brennt ihr Ohr von des Kindes Schrei.

Im Beutel den letzten Sonnenblumenkern,
Sie suchen den Weg und sehn keinen Stern.

Aurum, thus, myrrham offerunt ...
Um kahles Gehöft streicht Krähe und Hund.

... quia natus est nobis Dominus.
Auf fahlem Gerippe glänzt Öl und Ruß.

Vor Stalingrad verweht die Chaussee.
Sie führt in die Totenkammer aus Schnee.

(v. 1955)

Marie Luise Kaschnitz

Hiroshima

Der den Tod auf Hiroshima warf
Ging ins Kloster, läutet dort die Glocken.
Der den Tod auf Hiroshima warf
Sprang vom Stuhl in die Schlinge, erwürgte sich.
Der den Tod auf Hiroshima warf
Fiel in Wahnsinn, wehrt Gespenster ab
Hunderttausend, die ihn angehen nächtlich
Auferstandene aus Staub für ihn.

Nichts von alledem ist wahr.
Erst vor kurzem sah ich ihn
Im Garten seines Hauses vor der Stadt.
Die Hecken waren noch jung und die Rosenbüsche zierlich.
Das wächst nicht so schnell, daß sich einer verbergen könnte
Im Wald des Vergessens. Gut zu sehen war
Das nackte Vorstadthaus, die junge Frau
Die neben ihm stand im Blumenkleid
Das kleine Mädchen an ihrer Hand
Der Knabe der auf seinem Rücken saß
Und über seinem Kopf die Peitsche schwang.
Sehr gut erkennbar war er selbst
Vierbeinig auf dem Grasplatz, das Gesicht
Verzerrt von Lachen, weil der Fotograf
Hinter der Hecke stand, das Auge der Welt.

(v. 1956)

Hans Magnus Enzensberger

Ins Lesebuch für die Oberstufe

Lies keine Oden, mein Sohn, lies die Fahrpläne:
sie sind genauer. Roll die Seekarten auf,
eh es zu spät ist. Sei wachsam, sing nicht.
Der Tag kommt, wo sie wieder Listen ans Tor
schlagen und malen den Neinsagern auf die Brust
Zinken. Lern unerkannt gehn, lern mehr als ich:
das Viertel wechseln, den Paß, das Gesicht.
Versteh dich auf den kleinen Verrat,
die tägliche schmutzige Rettung. Nützlich
sind die Enzykliken zum Feueranzünden,
die Manifeste: Butter einzuwickeln und Salz
für die Wehrlosen. Wut und Geduld sind nötig,
in die Lungen der Macht zu blasen
den feinen tödlichen Staub, gemahlen
von denen, die viel gelernt haben,
die genau sind, von dir.
(v. 1957)

Günter Grass

Kinderlied

Wer lacht hier, hat gelacht?
Hier hat sich's ausgelacht.
Wer hier lacht, macht Verdacht,
daß er aus Gründen lacht.

Wer weint hier, hat geweint?
Hier wird nicht mehr geweint.
Wer hier weint, der auch meint,
daß er aus Gründen weint.

Wer spricht hier, spricht und schweigt?
Wer schweigt, wird angezeigt.
Wer hier spricht, hat verschwiegen,
wo seine Gründe liegen.

Wer spielt hier, spielt im Sand?
Wer spielt, muß an die Wand,
hat sich beim Spiel die Hand
gründlich verspielt, verbrannt.

Wer stirbt hier, ist gestorben?
Wer stirbt, ist abgeworben.
Wer hier stirbt, unverdorben
ist ohne Grund verstorben.
(v. 1958)

Toll!

Hilde Domin
Nur eine Rose als Stütze

Ich richte mir ein Zimmer ein in der Luft
unter den Akrobaten und Vögeln:
mein Bett auf dem Trapez des Gefühls
wie ein Nest im Wind
auf der äußersten Spitze des Zweigs.

Ich kaufe mir eine Decke aus der zartesten Wolle
der sanft gescheitelten Schafe die
im Mondlicht
wie schimmernde Wolken
über die feste Erde ziehn.

Ich schließe die Augen und hülle mich ein
in das Vlies der verlässlichen Tiere.
Ich will den Sand unter den kleinen Hufen spüren
und das Klicken des Riegels hören,
der die Stalltür am Abend schließt.

Aber ich liege in Vogelfedern, hoch ins Leere gewiegt.
Mir schwindelt. Ich schlafe nicht ein.
Meine Hand
greift nach einem Halt und findet
nur eine Rose als Stütze.
(v. 1959)

Helmut Heißenbüttel

[Tautologismen]

der Schatten den ich werfe ist der Schatten den ich werfe
die Lage in die ich gekommen bin ist die Lage in die ich gekommen bin
die Lage in die ich gekommen bin ist ja und nein
Situation meine Situation meine spezielle Situation
Gruppen von Gruppen bewegen sich über leere Flächen
Gruppen von Gruppen bewegen sich über reine Farben
Gruppen von Gruppen bewegen sich über den Schatten den ich werfe
der Schatten den ich werfe ist der Schatten den ich werfe
Gruppen von Gruppen bewegen sich über den Schatten den ich werfe und verschwinden

(v. 1960)

III Worte, Silben, Sterbenswörter

Gottfried Benn

Ein Wort

Ein Wort, ein Satz –; aus Chiffren steigen
erkanntes Leben, jäher Sinn,
die Sonne steht, die Sphären schweigen
und alles ballt sich zu ihm hin.

Ein Wort – ein Glanz, ein Flug, ein Feuer,
ein Flammenwurf, ein Sternenstrich –
und wieder Dunkel, ungeheuer,
im leeren Raum um Welt und Ich.
(1943/v. 1948)

Bertolt Brecht

Auf einen chinesischen Theewurzellöwen

Die Schlechten fürchten deine Klaue
Die Guten freuen sich deiner Grazie
Derlei
Hörte ich gern
Von meinem Vers.
(v. 1951)

Paul Celan
Sprich auch du

Sprich auch du,
sprich als letzter,
sag deinen Spruch.

Sprich –
Doch scheide das Nein nicht vom Ja.
Gib deinem Spruch auch den Sinn:
gib ihm den Schatten.

Gib ihm Schatten genug,
gib ihm so viel,
als du um dich verteilt weißt zwischen
Mittnacht und Mittag und Mittnacht.

Blicke umher:
sieh, wie's lebendig wird rings –
Beim Tode! Lebendig!
Wahr spricht, wer Schatten spricht.

Nun aber schrumpft der Ort, wo du stehst:
Wohin jetzt, Schattenentblößter, wohin?
Steige. Taste empor.
Dünner wirst du, unkenntlicher, feiner!
Feiner: ein Faden,
an dem er herabwill, der Stern:
um unten zu schwimmen, unten,
wo er sich schimmern sieht: in der Dünung
wandernder Worte.
(1955)

Paul Celan

Nacht

Kies und Geröll. Und ein Scherbenton, dünn,
als Zuspruch der Stunde.

Augentausch, endlich, zur Unzeit:
bildbeständig,

verholzt
die Netzhaut –:
das Ewigkeitszeichen.

Denkbar:
droben, im Weltgestänge,
sterngleich,
das Rot zweier Münder.

Hörbar (vor Morgen?): ein Stein,
der den andern zum Ziel nahm.
(v. 1959)

Peter Huchel

Unter der Wurzel der Distel

Unter der Wurzel der Distel
wohnt nun die Sprache,
nicht abgewandt,
im steinigen Grund.
Ein Riegel fürs Feuer
war sie immer.

Leg deine Hand
auf diesen Felsen.
Es zittert das starre
Geäst der Metalle.

Ausgeräumt ist aber
der Sommer,
verstrichen die Frist.

Es stellen
die Schatten im Unterholz
ihr Fangnetz auf.
(v. 1967)

Hilde Domin

Drei Arten, Gedichte aufzuschreiben

1
Ein trockenes Flussbett
ein weißes Band von Kieselsteinen
von weitem gesehen
hierauf wünsche ich zu schreiben
in klaren Lettern
oder eine Schutthalde
Geröll
gleitend unter meinen Zeilen
wegrutschend
damit das heikle Leben meiner Worte
ihr Dennoch
ein Dennoch jedes Buchstabens sei

2
Kleine Buchstaben
genaue
damit die Worte leise kommen
damit die Worte sich einschleichen
damit man hingehen muss
zu den Worten
sie suchen in dem weißen
Papier
leise
man merkt nicht wie sie eintreten
durch die Poren
Schweiß der nach innen rinnt

Angst
meine
unsere
und das Dennoch jedes Buchstabens

3

Ich will einen Streifen Papier
so groß wie ich
ein Meter sechzig
darauf ein Gedicht
das schreit
sowie einer vorübergeht
schreit in schwarzen Buchstaben
das etwas Unmögliches verlangt
Zivilcourage zum Beispiel
Solidarität statt Herde
Fremd-Worte
heimisch zu machen im Tun
Mensch
Tier das Zivilcourage hat
Mensch
Tier das den Mit-Schmerz kennt
Mensch Fremdwort-Tier Wort-Tier
Tier
das Gedicht schreibt
Gedicht
das Unmögliches verlangt
von jedem der vorbeigeht
dringend
unabweisbar
als rufe es
›Trink Coca-Cola‹
(v. 1970)

Marie Luise Kaschnitz

Müllabfuhr

Meine Gedichte
Ins Schmierheft gekritzelt
Verworfen zerhackt
Mit neuen Gliedmaßen ausgestattet
Blau angestrichen rot

Mit Flitter behangen
Der Flitter heruntergerissen
Kargwort neben Kargwort.

Endlich das Ganze zerknüllt
Von der Hand in den Müll
Und fortgerollt mit Getöse
Am nächsten Morgen
Nur Worte noch zwei oder drei
Tanzen im Kielstaub
Leuchten auf in der Sonne.

(v. 1972)

Marie Luise Kaschnitz

Schluß

Dein Gedicht
Schlag es dir in den Hals
Bring dich zum Schweigen

Wenn du redest geht dir nicht ein
Was die andern zu sagen haben

Das Ohneich
Das Ohnedu
Das Ohnewann
Das Ohnewo

Die Maschine
In der man es manchmal
Knirschen hört

Schluchzen nicht mehr.
Nur die Handvoll Mensch
im Getriebe

Schweig.
(v. 1965)

Ingeborg Bachmann
Ihr Worte

Ihr Worte, auf; mir nach!,
und sind wir auch schon weiter,
zu weit gegangen, geht's noch einmal
weiter, zu keinem Ende geht's.

Es hellt nicht auf.

Das Wort
wird doch nur
andre Worte nach sich ziehn,
Satz den Satz.
So möchte Welt,
endgültig,
sich aufdrängen,
schon gesagt sein.
Sagt sie nicht.

Worte, mir nach,
dass nicht endgültig wird
– nicht diese Wortbegier
und Spruch auf Widerspruch!

Lasst eine Weile jetzt
keins der Gefühle sprechen,
den Muskel Herz
sich anders üben.

Lasst, sag ich, lasst.

Ins höchste Ohr nicht,
nichts, sag ich, geflüstert,
zum Tod fall dir nichts ein,
lass, und mir nach, nicht mild
noch bitterlich,
nicht trostreich,

ohne Trost
bezeichnend nicht,
so auch nicht zeichenlos –

Und nur nicht dies: das Bild
Im Staubgespinst, leeres Geroll
von Silben, Sterbenswörter.

Kein Sterbenswort,
Ihr Worte!
(v. 1961)

Eugen Gomringer
[Worte sind Schatten]

worte sind schatten
schatten werden worte

worte sind spiele
spiele werden worte

sind schatten worte
werden worte spiele

sind spiele worte
werden worte schatten

sind worte schatten
werden spiele worte

sind worte spiele
werden schatten worte
(v. 1961)

Hans Magnus Enzensberger
landessprache

was habe ich hier verloren,
in diesem land,
dahin mich gebracht haben meine älteren
durch arglosigkeit?
eingeboren, doch ungetrost,
abwesend bin ich hier,
ansässig im gemütlichen elend,
in der netten, zufriedenen grube.

was habe ich hier? und was habe ich hier zu suchen,
in dieser schlachtschüssel, diesem schlaraffenland,
wo es aufwärts geht, aber nicht vorwärts,
wo der überdruß ins bestickte hungertuch beißt,
wo in den delikateßgeschäften die armut, kreidebleich,
mit erstickter stimme aus dem schlagrahm röchelt und ruft:
es geht aufwärts!
wo eine gewinnspanne weit von den armen reichen die reichen armen
vor begeisterung ihre kinostühle zerschmettern,
da geht es aufwärts von fall zu fall,
wo die zahlungsbilanz hosianna und alles was recht ist singt
und ruft: das ist nicht genug,
daß da die freizeit spurt und gas gibt und hinhaut,
das ist das kleinere übel, das ist nur die hälfte,
das macht nichts, das ist nicht genug,
daß die tarifpartner durch die straßen irren
und mit geballten fäusten frohlocken
und singen und sagen:

hier geht es aufwärts,
hier ist gut sein,
wo es rückwärts aufwärts geht,
hier schießt der leitende herr den leitenden herrn mit dem gesangbuch ab,

hier führen die leichtbeschädigten mit den schwerbeschädigten krieg,
hier heißt es unerbittlich nett zueinander sein,

und das ist das kleinere übel,
das wundert mich nicht,
das nehmen die käufer in kauf,
hier, wo eine hand die andere kauft,
hand aufs herz, hier sind wir zuhaus,

hier laßt uns hütten bauen,
auf diesem arischen schrotthaufen,
auf diesem krächzenden parkplatz,
wo aus den ruinen ruinen sprossen,
nagelneu, ruinen auf vorrat, auf raten,
auf abruf, auf widerruf:

hiersein ist herrlich
wo dem verbrauchten verbraucher,
und das ist das kleinere übel,
die haare ausfallen,
wo er sein erfolgreiches haupt verhüllt
mit wellpappe und cellophan
wo er abwesend aus der grube ruft:
hier laßt uns hütten bauen,

in dieser mördergrube,
wo der kalender sich selber abreißt vor ohnmacht und hast,
wo die vergangenheit in den müllschluckern schwelt
und die zukunft mit falschen zähnen knirscht,
das kommt davon, daß es aufwärts geht,
da tun wir fleckenwasser drauf,
das ist hier so üblich, das wundert mich nicht,

goldrichtig liegen wir hier,
wo das positive zum höchstkurs notiert,
die handelskammern decken sich damit ein

und bahren es auf unter panzerglas,
wo wir uns finden wohl unter blinden,
in den schau-, kauf- und zeughäusern,
und das ist nicht alles, das ist nur die hälfte,
das ist die tiefgefrorene wildnis,
das ist die erfolgreiche raserei, das tanzt
im notdürftigen nerz, auf zerbrochenen knien,
im ewigen frühling der amnesie,

das ist ein anderes land als andere länder,
das reut mich, und daß es mich reut,
das ist das kleinere übel, denn das ist wahr,
was seine opfer, ganz gewöhnliche tote leute,
aus der erde rufen, etwas laut- und erfolgloses,
das an das schalldichte pflaster dringt
von unten, und es beschlägt, daß es dunkel wird,
fleckig, naß, bis eine lache,
eine ganz gewöhnliche lache es überschwemmt,

und den butzemann überschwemmt,
das löweneckerchen, das allerleirauh,
und die schöne rapunzel, die sind nicht mehr hier,
und es gibt keine städte mehr, und keine fische,
die sind erstickt in dieser lache,

wie meine brüder, die tadel- und hilflosen pendler,
wie sie mich reuen, die frommen gerichtsvollzieher,
die gasmänner, wie sie waten zuhauf,
mit ihren plombierzangen, wie sie stapfen,
in ihren abwesenden stiefeln, durchs bodenlose,
die gloriole vorschriftsmäßig tief im genick:

ja wären's leute wie andere leute,
wär es ein ganz gewöhnliches, ein andres
als dieses nacht- und nebelland,
von abwesenden überfüllt,
die wer sie sind nicht wissen noch wissen wollen,

die in dieses land geraten sind
auf der flucht vor diesem land
und werden flüchtig sein bis zur grube:

wärs anders, wär ihm zu helfen,
wäre rat und genugtuung hier,
wär es nicht dieses brache, mundtote feindesland!

was habe ich hier verloren, was suche ich
und stochre in diesem unzuständigen knäuel
vom nahkampfspangen, genußscheinen,
gamsbärten, schlußverkäufen, und finde nichts
als chronische, chronologisch geordnete turnhallen
und sachbearbeiter für die menschlichkeit
in den kasernen für die kasernen für die kasernen:

was soll ich hier? und was soll ich sagen?
in welcher sprache? und wem?
da tut mir die wahl weh wie ein messerstich,
das reut mich, das ist das kleinere übel,
das schreit und so weiter
mit kleinen schreien zum himmel
und gibt sich für größer aus als es ist,
aber es ist nicht ganz,
es ist nur die himmelschreiende hälfte,
es ist noch nicht genug:

denn dieses land, vor hunger rasend,
zerrauft sich sorgfältig mit eigenen händen,
dieses land ist von sich selber geschieden,
ein aufgetrenntes, inwendig geschiedenes herz,
unsinnig tickend, eine bombe aus fleisch,
eine nasse, abwesende wunde:

deutschland, mein land, unheilig herz der völker,
ziemlich verrufen, von fall zu fall,
unter allen gewöhnlichen leuten:

meine zwei länder und ich, wir sind geschiedene leute,
und doch bin ich inständig hier,
in asche und sack, und frage mich:
was habe ich hier verloren?

das habe ich hier verloren,
was auf meiner zunge schwebt,
etwas andres, das ganze,
das furchtlos scherzt mit der ganzen welt
und nicht in dieser lache ertrinkt,

verloren an dieses fremde, geschiedne geröchel,
das gepreßte, geröchel im *neuen deutschland,*
das frankfurter allgemeine geröchel
(und das ist das kleinere übel),
ein mundtotes würgen, das nichts von sich weiß,
von dem ich nichts wissen will, musterland,
mördergrube, in die ich herzlich geworfen bin
bei halbwegs lebendigem leib,
da bleibe ich jetzt,
ich hadere aber ich weiche nicht,
da bleibe ich eine zeitlang,
bis ich von hinnen fahre zu den anderen leuten,
und ruhe aus, in einem ganz gewöhnlichen land,
hier nicht,
nicht hier.
(v. 1959)

Eugen Gomringer
[Schweigen]

schweigen schweigen schweigen
schweigen schweigen schweigen
schweigen   schweigen
schweigen schweigen schweigen
schweigen schweigen schweigen
(v. 1960)

IV Bewältigung der Vergangenheit

Paul Celan

Todesfuge

Schwarze Milch der Frühe wir trinken sie abends
wir trinken sie mittags und morgens wir trinken sie nachts
wir trinken und trinken
wir schaufeln ein Grab in den Lüften da liegt man nicht eng
Ein Mann wohnt im Haus der spielt mit den Schlangen der
schreibt
der schreibt wenn es dunkelt nach Deutschland
dein goldenes Haar Margarete
er schreibt es und tritt vor das Haus und es blitzen die
Sterne er pfeift seine Rüden herbei
er pfeift seine Juden hervor lässt schaufeln ein Grab in der Erde
er befiehlt uns spielt auf nun zum Tanz

Schwarze Milch der Frühe wir trinken dich nachts
wir trinken dich morgens und mittags wir trinken dich abends
wir trinken und trinken
Ein Mann wohnt im Haus der spielt mit den Schlangen der
schreibt
der schreibt wenn es dunkelt nach Deutschland
dein goldenes Haar Margarete
Dein aschenes Haar Sulamith wir schaufeln ein Grab in
den Lüften da liegt man nicht eng
Er ruft stecht tiefer ins Erdreich ihr einen ihr andern
singet und spielt
er greift nach dem Eisen im Gurt er schwingts seine Augen
sind blau
stecht tiefer die Spaten ihr einen ihr andern spielt weiter
zum Tanz auf

Schwarze Milch der Frühe wir trinken dich nachts
wir trinken dich mittags und morgens wir trinken dich abends
wir trinken und trinken

ein Mann wohnt im Haus dein goldenes Haar Margarete
dein aschenes Haar Sulamith er spielt mit den Schlangen
Er ruft spielt süßer den Tod der Tod ist ein Meister aus Deutschland
er ruft streicht dunkler die Geigen dann steigt ihr als Rauch in die Luft
dann habt ihr ein Grab in den Wolken da liegt man nicht eng

Schwarze Milch der Frühe wir trinken dich nachts
wir trinken dich mittags der Tod ist ein Meister aus Deutschland
wir trinken dich abends und morgens wir trinken und trinken
der Tod ist ein Meister aus Deutschland sein Auge ist blau
er trifft dich mit bleierner Kugel er trifft dich genau
ein Mann wohnt im Haus dein goldenes Haar Margarete
er hetzt seine Rüden auf uns er schenkt uns ein Grab in der Luft
er spielt mit den Schlangen und träumet der Tod ist ein Meister aus Deutschland
dein goldenes Haar Margarete
dein aschenes Haar Sulamith
(1945/v. 1952)

Immanuel Weissglas

Er

Wir heben Gräber in die Luft und siedeln
Mit Weib und Kind an dem gebotnen Ort.
Wir schaufeln fleißig und die andern fiedeln,
Man schafft ein Grab und fährt im Tanzen fort.

Er will, dass über diese Därme dreister
Der Bogen strenge wie sein Antlitz streicht:
Der durch die Lande als ein Nebel schleicht.

Und wenn die Dämmrung blutig quillt am Abend,
Öffn ich nachzehrend den verbissnen Mund,
Ein Haus für alle in die Lüfte grabend:
Breit wie der Sarg, schmal wie die Todesstund.

Er spielt im Haus mit Schlangen, dräut und dichtet,
In Deutschland dämmert es wie Gretchens Haar.
Das Grab in Wolken wird nicht eng gerichtet:
Da weit der Tod ein deutscher Meister war.

(v. ca. 1947)

Rose Ausländer

Mondasche

Mohnsterne
im schlafreifen Kelch
Die Nacht ist ein
schwarzes Feuer

Wenn du erwachst
ist schon
der Mondbrand gelöscht
liegt schon die Asche
in deiner Hand

Trauere nicht
Streu den Mondstaub
in den Wind
Vielleicht wächst er zusammen.
(zwischen 1957 und 1965)

Heinar Kipphardt
Auschwitz 1953

Saß da ein Vogel im Baume
Wohl an die zehen Jahr.
Sang da ein Vogel im Baume,
  Sein Lied hatte weißes Haar.
  Asche im Wind. Es schluchzet
  Die Rose am Wegrand nicht mehr.
  Asche im Wind. Es schluchzen
  Die träumenden Vögel nicht mehr.

Hing da ein Nebel im Baume,
Der gänzlich entblättert war.
Hing da ein Nebel im Baume,
Wohl an die zehen Jahr.
  Asche im Wind. Es schluchzet
  Die Rose am Wegrand nicht mehr.
  Asche im Wind. Es schluchzen
  Die träumenden Vögel nicht mehr.

War da ein gläserner Kasten
Gefüllt mit Frauenhaar,
Das Kilo zu fünfzig Pfennig
zu kaufen vor zehen Jahr.
  Asche im Wind. Es schluchzet
  Die Rose am Wegrand nicht mehr.
  Asche im Wind. Es schluchzen
  Die träumenden Vögel nicht mehr.

War da eine Wolke in Auschwitz,
Eine Wolke aus goldenem Haar,
Die hat man zu scheren vergessen
Vor etwa zehen Jahr.
  Asche im Wind. Es schluchzet
  Die Rose am Wegrand nicht mehr.
  Asche im Wind. Es schluchzen
  Die träumenden Vögel nicht mehr.
(v. 1953)

Bertolt Brecht
Der Einarmige im Gehölz

Schweißtriefend bückt er sich
Nach dem dürren Reisig. Die Stechmücken
Verjagt er durch Kopfschütteln. Zwischen den Knieen
Bündelt er mühsam das Brennholz. Ächzend
Richtet er sich auf, streckt die Hand hoch, zu spüren
Ob es regnet. Die Hand hoch
Der gefürchtete S. S. Mann.
(v. 1953)

Bertolt Brecht
Kriegsfibel Nr. 57

Seht diese Hüte von Besiegten! Und
Nicht als man sie vom Kopf uns schlug zuletzt
War unsrer bittern Niederlage Stund.
Sie war, als wir sie folgsam aufgesetzt.
(v. 1955)

Johannes Bobrowski

Bericht

Bajla Gelblung,
entflohen in Warschau
einem Transport aus dem Getto,
das Mädchen
ist gegangen durch Wälder,
bewaffnet, die Partisanin
wurde ergriffen
in Brest-Litowsk,
trug einen Militärmantel (polnisch),
wurde verhört von deutschen
Offizieren, es gibt
ein Foto, die Offiziere sind junge
Leute, tadellos uniformiert,
mit tadellosen Gesichtern,
ihre Haltung
ist einwandfrei.
(v. 1961)

Ernst Jandl

[schtzngrmm]

schtzngrmm
schtzngrmm
t-t-t-t
t-t-t-t
s——c——h
grrrmmmmm
t-t-t-t
tzngrmm
tzngrmm
tzngrmm
grrrmmmmm
schtzn
schtzn
t-t-t-t
t-t-t-t
schtzngrmm
schtzngrmm
tssssssssssssssssssss
grrt
grrrrrt
grrrrrrrrrt
scht
scht
t-t-t-t-t-t-t-t-t
scht
tzngrmm
tzngrmm
t-t-t-t-t-t-t-t-t
scht
scht
scht
scht
scht
grrrrrrrrrrrrrrrrrrrrrrrrrrrrrrrrr
t-tt
(v. 1957)

Helmut Heißenbüttel
Lehrgedicht über Geschichte 1954

die Ereignisse und das nicht Ereignete
Epochen Zeiteinteilungen Dynastien
ausgestorbene Städte ausgestorbene Völker Völker auf dem Marsch
Marschkolonnen und Napoleon an der Beresina
Kanzelreliefs von Giovanni Pisano Nietzsches Ecce Homo und Kazets
l'empire de la majorité se fonde sur cette idée qu'il y a plus de sagesse dans beaucoup d'hommes que dans un seul (Tocqueville)
die Erinnerung an die Stimme Adolf Hitlers im Radio Symphonie für 9 Instrumente opus 21 1928 von Anton Webern und ich habe niemals so lange Zeilen gemacht
Piero della Francesca und der Rauch des Dezemberhimmels
Rekapitulierbares

Rekapitulierbares dies ist mein Thema
Rekapitulierbares dies ist mein Thema
Rekapitulierbares dies ist mein Thema

nicht Rekapitulierbares
(v. 1960)

Martin Walser
Bewältigung

Bruder ich streiche dich aus
hast erschossen bist erschossen
sauf noch sing noch
lass dich diese Nacht noch
auf meine Nieren nieder
morgen streich ich dich aus.
(v. 1963)

Ernst Jandl

wien: heldenplatz

der glanze heldenplatz zirka
versaggerte in maschenhaftem männchenmeere
drunter auch frauen die ans maskelknie
zu heften heftig sich versuchten, hoffensdick.
und brüllzten wesentlich.

verwogener stirnscheitelunterschwang
nach nöten nördlich, kechelte
mit zu-nummernder aufs bluten feilzer stimme
hinsensend sämmertliche eigenwäscher.

pirsch!
döppelte der gottelbock von Sa-Atz zu Sa-Atz
mit hünig sprenkem stimmstummel.
balzerig würmelte es im männechensee
und den weibern ward so pfingstig ums heil
zumahn: wenn ein knie-ender sie hirschelte.
(v. 1962)

V Bewältigung der Gegenwart

Helmut Heißenbüttel
[Einfache Sätze]

einfache Sätze
während ich stehe fällt der Schatten hin
Morgensonne entwirft die erste Zeichnung
Blühn ist ein tödliches Geschäft
ich habe mich einverstanden erklärt
ich lebe
(1956/ v. 1960)

Günter Kunert
Sorgen

Der zu leben sich entschließt,
Muss wissen, warum
Er gestern zur Nachtzeit erwachte, wohin
Er heute durch die Straßen geht, wozu
Er morgen in seinem Zimmer
Die Wände mit weißem Kalk anstreicht.

War da ein Schrei?
Ist da ein Ziel?
Wird da Sicherheit sein?
(v. 1963)

KUBA

Sagen wird man über unsre Tage

Sagen wird man über unsre Tage:
Altes Eisen hatten sie und wenig Mut,
denn sie hatten wenig Kraft nach ihrer Niederlage.
Sagen wird man über unsre Tage:
Ihre Herzen waren voll von bittrem Blut.
Und ihr Leben lief auf ausgefahrnen Gleisen,
wird man sagen –
Und man wird auf gläsernen Terrassen stehn –
Und auf Brücken deuten –
Und auf Gärten weisen –
Und man wird die junge Stadt zu Füßen liegen sehn
und wird sagen:
Die den Grundstein dazu legten,
wurden ausgelacht und hungerten,
und doch
planten sie und bauten und bewegten
Trümmersteine.
Und im überlegten Handeln
fluchten sie.
Ach,
zweifelten sie noch ihre eigne Kraft an.

Denn ein böses Erbe,
Krieg und Kriegsbetrug verwirrte ihren Sinn.

Doch den Kriegen folgte jene Zeit der Wettbewerbe,
und die Zeit der Wettbewerbe
war der Anbeginn.

(v. 1948)

Gottfried Benn

Teils – teils

In meinem Elternhaus hingen keine Gainsboroughs
wurde auch kein Chopin gespielt
ganz amusisches Gedankenleben
mein Vater war einmal im Theater gewesen
Anfang des Jahrhunderts
Wildenbruchs „Haubenlerche“
davon zehrten wir
das war alles.

Nun längst zu Ende
graue Herzen, graue Haare
der Garten in polnischem Besitz
die Gräber teils-teils
aber alle slawisch,
Oder-Neiße-Linie
für Sarginhalte ohne Belang
die Kinder denken an sie
die Gatten auch noch eine Weile
teils-teils
bis sie weitermüssen
Sela, Psalmenende.

Heute noch in einer Großstadtnacht
Caféterrasse
Sommersterne,
vom Nebentisch
Hotelqualitäten in Frankfurt
Vergleiche,
die Damen unbefriedigt
wenn ihre Sehnsucht Gewicht hätte
wöge jede drei Zentner.

Aber ein Fluidum! Heiße Nacht
à la Reiseprospekt und
die Ladies treten aus ihren Bildern:

unwahrscheinliche Beauties
langbeinig, hoher Wasserfall
über ihre Hingabe kann man sich gar nicht erlauben
nachzudenken.

Ehepaare fallen demgegenüber ab,
kommen nicht an, Bälle gehn ins Netz,
er raucht, sie dreht ihre Ringe,
überhaupt nachdenkenswert
Verhältnis von Ehe und Mannesschaffen
Lähmung oder Hochtrieb.

Fragen, Fragen! Erinnerungen in einer Sommernacht
hingeblinzelt, hingestrichen,
in meinem Elternhaus hingen keine Gainsboroughs
nun alles abgesunken
teils-teils das Ganze
Sela, Psalmenende.
(v. 1954)

Volker Braun
Die Mauer

Zwischen den seltsamen Städten, die den gleichen
Namen haben, zwischen vielem Beton
Eisen Draht Rauch, den Schüssen
Der Motore: in des seltsamen Lands
Wundermal steht aus all dem
Ein Bau, zwischen den Wundern
Auffallend, im erstaunlichen Land
Ausland. Gewöhnt
An hängende Brücken und Stahltürme
Und was noch an die Grenze geht
Von Material und Maschinen, faßt
Der Blick doch nicht
Das hier.

Zwischen all den Rätseln: das ist
Fast ihre Lösung. Schrecklich
Hält sie, steinerne Grenze
Auf was keine Grenze
Kennt: den Krieg. Und sie hält
Im friedlichen Land, denn es mußs stark sein
Nicht arm, die abhaun zu den Wölfen
Die Lämmer. Vor den Kopf
Stößt sie, das gehn soll wohin es will, nicht
In die Massengräber, das
Volk der Denker.

Aber das mich so hält, das halbe
Land, das sich geändert hat mit mir, jetzt
Ist es sichrer, aber
Ändre ichs noch? Von dem Panzer
Gedeckt, freut sichs
Seiner Ruhe, fast ruhig? Schwer
Aus den Gewehren fallen die Schüsse:

Auf die, die es anders besser
Halten könnte. *Die Mauern stehn*
Sprachlos und kalt, im Winde
Klirren die Fahnen.
(v. 1970)

Andreas Donath

Wachturm an der Zonengrenze

Gerüst aus Balken und Drohung,
ein Hochsitz des Argwohns,
errichtet im lauernden Kahlschlag.

Bewacht wird ein leeres Gehöft.
(Nur Wind und Regen dürfen noch
durch die verlassnen Zimmer gehen.)

Gejagt wird ein flüchtiger Schatten.
(Nur die Buchen sind sicher
vor Denunziation und Verfolgung.)

Beschützt wird das steinerne Auge,
der Mund, der Dornen spricht,
die Faust, die sich nicht mehr entspannt.
(v. 1960)

Hans Magnus Enzensberger
middle class blues

wir können nicht klagen.
wir haben zu tun.
wir sind satt.
wir essen.

das gras wächst,
das sozialprodukt,
der fingernagel,
die vergangenheit.

die straßen sind leer.
die abschlüsse sind perfekt.
die sirenen schweigen.
das geht vorüber.

die toten haben ihr testament gemacht.
der regen hat nachgelassen.
der krieg ist noch nicht erklärt.
das hat keine eile.

wir essen das gras.
wir essen das sozialprodukt.
wir essen die fingernägel.
wir essen die vergangenheit.

wir haben nichts zu verheimlichen.
wir haben nichts zu versäumen.
wir haben nichts zu sagen.
wir haben.

die uhr ist aufgezogen.
die verhältnisse sind geordnet.
die teller sind abgespült.
der letzte autobus fährt vorbei.

er ist leer.

wir können nicht klagen.

worauf warten wir noch?
(v. 1960)

Ingeborg Bachmann
Reklame

Wohin aber gehen wir
ohne sorge sei ohne sorge
wenn es dunkel und wenn es kalt wird
sei ohne sorge
aber
mit musik
was sollen wir tun
heiter und mit musik
und denken
heiter
angesichts eines Endes
mit musik
und wohin tragen wir
am besten
unsre Fragen und den Schauer aller Jahre
in die Traumwäscherei ohne sorge sei ohne sorge
was aber geschieht
am besten
wenn Totenstille

eintritt
(v. 1956)

Günter Bruno Fuchs

Der Irre ist gestorben

Im Wartesaal, wenn die Züge
Verspätung hatten,
erzählte er Märchen aus Tausend-
undeiner Nacht.

Er verstand es nie,
richtig zu grüßen. Auf Guten Tag
sagte er immer: Vielleicht.

Man weiß: er zog seinen Hut
vor den Hunden.
Seine Königskrone aus Zeitungspapier
trugen die Kinder nach Hause.

Der Fünfzeiler im Ortsteil der Zeitung
schloss mit den Worten: Es war
seine letzte Nacht,
als er im Park auf den Baum stieg.

Gerüchte gehen, er habe vergessen,
sich festzuhalten,
als er den Friedensappell
an die Welt sprach.

(v. 1956)

VI Bewältigung der Zukunft

Günter Kunert

Ich bringe eine Botschaft

1
Ich bringe eine Botschaft,
Und die heißt: Keine Sicherheit. Der auf Frieden
Hofft wie auf das Stillestehen der Zeit,
Ist ein Narr. Wohl: Die Waffen ruhen
Ein wenig, und die Toten der letzten Schlachten
Ruhen ein wenig, doch
Die Lebenden ruhen nicht.

2
Der im stahltapezierten Felsenzimmer
Die Raketen richtet
Auf die Brust seines Kameraden drüben, auf
Dessen Mutter und Stadt und Feld und Land, muss
Wissen, dass
Auf der anderen Seite die gleichen Ziele
Anvisiert werden: Sicherheit
Findet sich im Nirgendwo. Nicht getroffen
Von dem alles verheerenden Schuss
Werden einzig die Generationen, die vorher
Ins Nichts sich begaben.

3
Mit bleichen Gesichtern
Durchblättern am frühen Morgen die Städter
In den rollenden Zügen die Zeitungen hastig:
Wie steht der Kampf
In den brennenden Dschungeln von Laos,
Auf der anderen Seite des Erdballs?
Mühselig buchstabierend lesen sie die Namen
Äußerst fremder Orte und Generäle, die
Sie gleichgültig ließen, ahnten sie nicht:

Ihnen
Erwächst Gefahr.

4
Durch die noch stillen Wälder ziehen sich
Panzergräben
Auf den Landkarten erst, doch wer durch die Wälder
Geht, spüret
Schon einen Hauch.

5
Tödlichem Gas gleich
Wallt über uns die Gewohnheit: wem es nichts
Ausmacht,
Mit einem Bein im Grabe zu stehen, wird bald
Mit beiden drin liegen.

6
Auf einem Vulkan lässt sich leben, besagt
Eine Inschrift im zerstörten Pompeji.

7
Und die Bürger der vom Meere geschluckten
Ortschaft Vineta
Bauten für ihr Geld Kirchen, deren Glocken
Noch heute mancher zu hören vermeint, statt
Einen schützenden Deich.

8
Der ich, ähnlich vielen, wenig
Neigung verspüre
Mein Dasein fortzuführen
Als unterseeisches Geläute, als mehr oder
Weniger klassische Inschrift,
Bringe nur eine kurze Botschaft: Keine Sicherheit
Heißt sie.

9
Solange die Zerstörung einträglicher ist
Denn Aufbauen, und
Solange
Nicht abgeschafft sind,
Derer die Einträglichkeit ist, so lange
Wird vielleicht hin und wieder sein: Ein wenig
Ruhe, Sicherheit
Keine.
(v. 1963)

Ingeborg Bachmann

Freies Geleit (Aria II)

Mit schlaftrunkenen Vögeln
und winddurchschossenen Bäumen
steht der Tag auf, und das Meer
leert einen schäumenden Becher auf ihn.

Die Flüsse wallen ans große Wasser,
und das Land legt Liebesversprechen
der reinen Luft in den Mund
mit frischen Blumen.

Die Erde will keinen Rauchpilz tragen,
kein Geschöpf ausspeien vorm Himmel,
mit Regen und Zornesblitzen abschaffen
die unerhörten Stimmen des Verderbens.

Mit uns will sie die bunten Brüder
und grauen Schwestern erwachen sehn,
den König Fisch, die Hoheit Nachtigall
und den Feuerfürsten Salamander.

Für uns pflanzt sie Korallen ins Meer.
Wäldern befehlt sie, Ruhe zu halten,
dem Marmor, die schöne Ader zu schwellen,
noch einmal dem Tau, über die Asche zu gehn.

Die Erde will ein freies Geleit ins All
jeden Tag aus der Nacht haben,
dass noch tausend und ein Morgen wird
von der alten Schönheit jungen Gnaden.
(v. 1957)

Günter Kunert

Laika

In einer Kugel aus Metall,
Dem besten, das wir besitzen,
Fliegt Tag für Tag ein toter Hund
Um unsre Erde
Als Warnung,
Dass so einmal kreisen könnte
Jahr für Jahr um die Sonne,
Beladen mit einer toten Menschheit,
Der Planet Erde,
Der beste, den wir besitzen.
(v. 1963)

Günter Eich
Träume

Wacht auf, denn eure Träume sind schlecht!
Bleibt wach, weil das Entsetzliche näher kommt.

Auch zu dir kommt es, der weit entfernt wohnt von
den Stätten, wo Blut vergossen wird,
auch zu dir und deinem Nachmittagsschlaf,
worin du ungern gestört wirst.
Wenn es heute nicht kommt, kommt es morgen,
aber sei gewiss.

„Oh, angenehmer Schlaf
auf den Kissen mit roten Blumen,
einem Weihnachtsgeschenk von Anita, woran sie
drei Wochen gestickt hat,
oh, angenehmer Schlaf,
wenn der Braten fett war und das Gemüse zart.
Man denkt im Einschlummern an die Wochenschau
von gestern Abend:
Osterlämmer, erwachende Natur, Eröffnung der
Spielbank in Baden-Baden,
Cambridge siegte gegen Oxford mit zweieinhalb
Längen, –
das genügt, das Gehirn zu beschäftigen.

Oh, dieses weiche Kissen, Daunen aus erster Wahl!
Auf ihm vergisst man das Ärgerliche der Welt,
jene Nachricht zum Beispiel:
Die wegen Abtreibung Angeklagte sagte zu ihrer
Verteidigung:
Die Frau, Mutter von sieben Kindern, kam zu mir
mit einem Säugling,
für den sie keine Windeln hatte und der
in Zeitungspapier gewickelt war.
Nun, das sind Angelegenheiten des Gerichtes, nicht
unsre.

Man kann dagegen nichts tun, wenn einer etwas
härter liegt als der andere,
Und was kommen mag, unsere Enkel mögen es
ausfechten."

„Ah, du schläfst schon? Wache gut auf, mein Freund!
Schon läuft der Strom in den Umzäunungen, und die
Posten sind aufgestellt."

Nein, schlaft nicht, während die Ordner der Welt
geschäftig sind!
Seid misstrauisch gegen ihre Macht, die sie vorgeben
für euch erwerben zu müssen!
Wacht darüber, dass eure Herzen nicht leer sind, wenn
mit der Leere eurer Herzen gerechnet wird!
Tut das Unnütze, singt die Lieder, die man aus
eurem Mund nicht erwartet!
Seid unbequem, seid Sand, nicht das Öl im Getriebe
der Welt!

(v. 1953)

Ilse Aichinger

Gebirgsrand

Denn was täte ich,
wenn die Jäger nicht wären, meine Träume,
die am Morgen
auf der Rückseite der Gebirge
niedersteigen, im Schatten.

(v. 1963)

Peter Huchel

Traum im Tellereisen

Gefangen bist du, Traum.
Dein Knöchel brennt,
Zerschlagen im Tellereisen.

Wind blättert
Ein Stück Rinde auf.
Eröffnet ist
Das Testament gestürzter Tannen,
Geschrieben
In regengrauer Geduld
Unauslöschlich
Ihr letztes Vermächtnis –
Das Schweigen.

Der Hagel meißelt,
Die Grabschrift auf die schwarze Glätte
Der Wasserlache.
(v. 1963)

Christine Lavant

[Dass ich dem Mond mein Gemüt überließ]

Dass ich dem Mond mein Gemüt überließ,
bringt mich der Lösung nicht näher.
Bis zum gläsernen Weckruf der Hähne
muss ich eingeholt haben
den Schlüssel zu allen Träumen.
Ich werde das Boot verlassen
und über die Wasser des Himmels gehn,
vorbei an den Inseln der Sterne
und der Einkehr der Engel.
Meine Flügel habe ich hingegeben
an die Löwin meiner Schwäche.
Sie wird mir die Wüste bewahren

und den Brunnen der Tänze,
bis ich wiederkehre mit meinem Schlüssel
und Warnung und Vorschriften weiß.
Noch haben die Hähne mein Herz nicht geweckt.
Wehe, wenn ihre gläsernen Rufe
das Lamm mir zerschneiden
vorzeitig und sinnlos!
(v. 1962)

Paul Celan

Inselhin

Inselhin, neben den Toten,
dem Einbaum waldher vermählt,
von Himmeln umgeiert die Arme,
die Seelen saturnisch beringt:

so rudern die Fremden und Freien,
die Meister vom Eis und vom Stein:
umläutet von sinkenden Bojen,
umbellt von der haiblauen See.

Sie rudern, sie rudern, sie rudern -:
Ihr Toten, ihr Schwimmer, voraus!
Umgittert auch dies von der Reuse!
Und morgen verdampft unser Meer!
(v. 1955)

Ingeborg Bachmann

Ausfahrt

Vom Lande steigt Rauch auf.
Die kleine Fischerhütte behalt im Aug,
denn die Sonne wird sinken,
ehe du zehn Meilen zurückgelegt hast.

Das dunkle Wasser, tausendäugig,
schlägt die Wimper von weißer Gischt auf,
um dich anzusehen, groß und lang,
dreißig Tage lang.

Auch wenn das Schiff hart stampft
und einen unsicheren Schritt tut,
steh ruhig auf Deck.

An den Tischen essen sie jetzt
den geräucherten Fisch;
dann werden die Männer hinknien
und die Netze flicken,
aber nachts wird geschlafen,
eine Stunde oder zwei Stunden,
und ihre Hände werden weich sein,
frei von Salz und Öl,
weich wie das Brot des Traumes,
von dem sie brechen.

Die erste Welle der Nacht schlägt ans Ufer,
die zweite erreicht schon dich.
Aber wenn du scharf hinüberschaust,
kannst du den Baum noch sehen,
der trotzig den Arm hebt
– einen hat ihm der Wind schon abgeschlagen
– und du denkst: wie lange noch,
wie lange noch
wird das krumme Holz den Wettern standhalten?
Vom Lande ist nichts mehr zu sehen.

Du hättest dich mit einer Hand in die Sandbank krallen
oder mit einer Locke an die Klippen heften sollen.

In die Muscheln blasend, gleiten die Ungeheuer des Meers
auf die Rücken der Wellen, sie reiten und schlagen
mit blanken Säbeln die Tage in Stücke, eine rote Spur
bleibt im Wasser, dort legt dich der Schlaf hin,
auf den Rest deiner Stunden,
und dir schwinden die Sinne.

Da ist etwas mit den Tauen geschehen,
man ruft dich, und du bist froh,
dass man dich braucht. Das Beste
ist die Arbeit auf den Schiffen,
die weithin fahren,
das Tauknüpfen, das Wasserschöpfen,
das Wändedichten und das Hüten der Fracht.
Das Beste ist, müde zu sein und am Abend
hinzufallen. Das Beste ist, am Morgen,
mit dem ersten Licht, hell zu werden,
gegen den unverrückbaren Himmel zu stehen,
der ungangbaren Wasser nicht zu achten
und das Schiff über die Wellen zu heben,
auf das immerwiederkehrende Sonnenufer zu.
(v. 1952)

Johannes R. Becher

Flaute

Das Boot steht still. Die Luft ist unbewegt.
... O Segelglück! Musik der Wellenlaute! ...
Der Wind hat sich zur Ruhe hingelegt.
Und schlummert atemlos. Die Zeit der Flaute.

Das Unbelebte: überlebensgroß.
Nirgends ein Hauch, um sich an uns zu schmiegen.
Die Zeit steht still. Die Welt ist atemlos.
Im stillen Blauen sich die Wolken wiegen.

Wie Totenstille. Segel müd vom Schweigen
Und traumversunken. Auch das Boot ist tot.
Wer weckt den Wind! 's wird Zeit zum Auferstehen ...

Da – in dem Schiff ein Flüstern, ein Sich-Neigen,
Und eine Brise lächelt um das Boot,
Die Segel blühen glückhaft weiß im Wehen.

(v. 1954)

Christa Reinig
Robinson

Manchmal weint er, wenn die Worte
Still in seiner Kehle stehn,
Doch er lernt an seinem Orte
Schweigend mit sich umzugehn,

Und er erfindet alte Dinge,
Halb aus Not und halb im Spiel,
Splittert Stein zur Messerklinge,
Schnürt die Axt an einen Stiel,

Kratzt mit einer Muschelkante
Seinen Namen in die Wand,
Und der allzu oft genannte
Wird ihm langsam unbekannt.
(v. 1951)

Karl Krolow

Robinson

I

Immer wieder strecke ich meine Hand
Nach einem Schiff aus.
Mit der bloßen Faust versuche ich,
Nach seinem Segel zu greifen.
Anfangs fing ich
Verschiedene Fahrzeuge, die sich
Am Horizont zeigten.
Ich fange Forellen so.
Doch der Monsun sah mir
Auf die Finger
Und ließ sie entweichen,
Oder Ruder und Kompass
Brachen. Man muss
Mit Schiffen zart umgehen.
Darum rief ich ihnen Namen nach.
Sie lauteten immer
Wie meiner.

Jetzt lebe ich nur noch
In Gesellschaft mit dem Ungehorsam
Einiger Worte.

II

Ich habe zu rechnen aufgehört,
Wenn ich auch noch Finger habe,
Die ich nacheinander ins salzige Wasser
Tauchen kann.

Insekten und Tabakblätter
Kennen die Zeit nicht,
Die ich früher vergeudete.

Mein letzter Nachbar,
Der das Waldhorn blies
(Er hatte es einst einem Volkslied)
Listig entwendet),
Kam auf See um.

Zuweilen fällt ein bisschen Sonne
Auf den Tisch, unter den ich die Füße
Strecke.
Ich brauche keine Sehnsucht mehr
Zu haben.

III
Diese Gewohnheit, irgendwo sehr lange
Auf einem Stuhl zu sitzen
Und zu horchen, ob es
In einem regnet
Oder in der Leber
Der Skorpion sich noch rührt!

Gezählt sind alle Blitze,
Alle Streichhölzer, die übrig blieben.

Bis man es leid ist
Und den letzten Wimpel
Im Meer versenkt.
(v. 1959)

VII Landschaftsveränderungen

Max Mell
Der milde Herbst von Anno 45

Ich Uralter kann's erzählen,
Wie der Herbst durch jenes Jahr
Wie ein Strom rann und ein Spiegel
Hundert Abendröten war.

An Obstbäumen lehnten Leitern,
Knackten unter Eil und Fleiß,
Und die Kinder schmausten immer,
Und die Kranken lachten leis.

Auf dem Boden roch's nach Äpfeln,
In den Kellern feucht nach Wein,
Und wer eine Sense ansah,
Dem fiel doch der Tod nicht ein.

War ein Herbst so lang wie jeder;
Sonne sinkt und Stunde schlägt;
Doch an jedes Leben, schien uns,
War ein Kleines zugelegt.
(v. 1952)

Wilhelm Lehmann
Heile Welt

Erschrockne Ammer flog vorbei,
Als sähe sie Morgan le Fay –
Die Welt brach wie ihr Leid entzwei,
Sie sang nicht aus.

Von blauem Dufte eine Wand –
Bin ich vorm Wald Brozeliand?

Bin nicht Gawain, Merlin zu sprechen,
Doch kann die blaue Wand ich brechen
Ins grüne Haus.

Die Sage singt, er säß gefangen
Und käme nie mehr hergegangen.

Begrub man ihn, die Schöpferlust
Begrub man nicht. Aus seiner Brust
Steigt Jahr um Jahr

Die Engelwurz. Ihr Stängel hebt
Ein weißes Dach, geflügelt schwebt
Ein Früchtepaar.

Aus seinem Schlaf steigt Baldrian,
Die Wurzel tut ihn wieder an.

Rotzagel kommt, den grauen Rücken
Vor seinem weisen Herrn zu bücken,
Schwanzfächer steil.

Das Lieschgras streichelt meine Hände,
Die Ammer singt ihr Lied zu Ende,
Die Welt bleibt heil.
(v. 1953)

Bertolt Brecht
Tannen

In der Frühe
Sind die Tannen kupfern.
So sah ich sie
Vor einem halben Jahrhundert
Vor zwei Weltkriegen
Mit jungen Augen.
(v. 1954)

Bertolt Brecht
[Der Himmel dieses Sommers]

Der Himmel dieses Sommers
Hoch über dem See fliegt ein Bomber.
Von den Ruderbooten auf
Schauen Kinder, Frauen, ein Greis. Von weitem
Gleichen sie jungen Staren, die Schnäbel aufreißend
Der Nahrung entgegen.
(v. 1954)

Johannes Bobrowski

Im Strom

Mit den Flößen hinab
im helleren Grau des fremden
Ufers, einem
Glanz, der zurücktritt, dem Grau
schräger Flächen, aus Spiegeln
beschoss uns das Licht.

Es lag des Täufers Haupt
auf der zerrissenen Schläfe,
in das verschnittene Haar
eine Hand mit bläulichen, losen
Nägeln gekrallt.

Als ich dich liebte, unruhig
dein Herz, die Speise auf schlagendem
Feuer, der Mund, der sich öffnete,
offen, der Strom
war ein Regen und flog
mit den Reihern, Blätter
fielen und füllten sein Bett.

Wir beugten uns über erstarrte
Fische, mit Schuppen bekleidet
trat der Grille Gesang
über den Sand, aus den Lauben
des Ufers, wir waren gekommen
einzuschlafen, Niemand
umschritt das Lager, Niemand
löschte die Spiegel, Niemand
wird uns wecken
zu unserer Zeit.

(v. 1961)

Hilde Domin

Ziehende Landschaft

Man muss weggehen können
und doch sein wie ein Baum:
als bliebe die Wurzel im Boden,
als zöge die Landschaft und wir ständen fest.
Man muss den Atem anhalten,
bis der Wind nachlässt
und die fremde Luft um uns zu kreisen beginnt,
bis das Spiel von Licht und Schatten,
von Grün und Blau,
die alten Muster zeigt
und wir zu hause sind,
wo es auch sei,
und niedersitzen können und uns anlehnen,
als sei es an das Grab
unserer Mutter.

(v. 1955)

Karl Krolow

Angesichts einer Landschaft

Diese Landschaft wie ein
nationales Lied.

Ihr viel zu grüner Bart
im Wind.
Er ist zu alt
für die Vögel, die sich
in ihm paaren.

Dazu ein Himmel
mit leisen Sohlen,
Gedichthimmel,
großer Augenaufschlag.

Der grüne Anstrich überall.
Er färbt die Finger
und die falschen Töne.

Die nationale Luft
steigt in die Luft.
(v. 1962)

Paul Celan
Entwurf einer Landschaft

Rundgräber, unten. Im
Viertakt der Jahresschritt auf
den Steilstufen rings.

Laven, Basalte, weltherz-
durchglühtes Gestein.
Quelltuff,
wo uns das Licht wuchs, vor
dem Atem.

Ölgrün, meerdurchstäubt die
unbetretbare Stunde. Gegen
die Mitte zu, grau,
ein Steinsattel, drauf,
gebeult und verkohlt,
die Tierstirn mit
der strahligen Blesse.
(v. 1959)

Peter Huchel
Das Zeichen

Baumkahler Hügel,
noch einmal flog
am Abend die Wildentenkette
durch wässrige Herbstluft.
War es das Zeichen?
Mit falben Lanzen
durchbohrte der See
den ruhlosen Nebel.

Ich ging durchs Dorf
und sah das Gewohnte.
Der Schäfer hielt den Widder

gefesselt zwischen den Knien.
Er schnitt die Klaue,
er teerte die Stoppelhinke.
Und Frauen zählten die Kannen,
das Tagesgemelk.
Nichts war zu deuten.
Es stand im Herdbuch.

Nur die Toten,
entrückt dem stündlichen Hall
der Glocke, dem Wachsen des Efeus,
sie sehen
den eisigen Schatten der Erde
gleiten über den Mond.
Sie wissen, dieses wird bleiben.
Nach allem, was atmet
in Luft und Wasser.

Wer schrieb
Die warnende Schrift,
kaum zu entziffern?
Ich fand sie am Pfahl,
dicht hinter dem See.
War es das Zeichen?

Erstarrt
im Schweigen des Schnees,
schlief blind
das Kreuzotterndickicht
(v. 1967)

Günter Eich

Der große Lübbe-See

Kraniche, Vogelzüge,
deren ich mich entsinne,
das Gerüst des trigonometrischen Punkts.

Hier fiel es mich an,
vor der dunklen Wand des hügeligen Gegenufers,
der Beginn der Einsamkeit,
ein Lidschlag, ein Auge,
das man ein zweites Mal nicht ertruge,
das Taubenauge mit sanftem Vorwurf,
als das Messer die Halsader durchschnitt,
der Beginn der Einsamkeit,
hier ohne Boote und Brücken,
das Schilf der Verzweiflung,
der trigonometrische Punkt,
Abmessung im Nichts,
während die Vogelzüge sich entfalten,
Septembertag ohne Wind,
güldene Heiterkeit, die davonfliegt,
auf Kranichflügeln, spurlos.
(v. 1961)

VIII Gedichte im Dialog

Peter Rühmkorf

Variation auf »Abendlied« von Matthias Claudius

Der Mond ist aufgegangen.
Ich, zwischen Hoff- und Hangen,
rühr an den Himmel nicht.
Was Jagen oder Yoga?
Ich zieh die Tintentoga
des Abends vor mein Angesicht.

Die Sterne rücken dichter,
nachtschaffenes Gelichter,
wie's in die Wette äfft –
So will ich sing- und gleißen
und Narr vor allen heißen,
eh mir der Herr die Zunge refft.

Lasst mir den Mond dort stehen.
Was lüstet es Antäen
und regt das Flügelklein?
Ich habe gute Weile,
der Platz auf meinem Seile
wird immer uneinnehmbar sein.

Da wär ich und da stünd ich,
barnäsig, flammenmündig
auf Säkels Widerrist.
Bis dass ich niederstürze
in Gäas grüne Schürze
wie mir der Arsch gewachsen ist.

Herr, lass mich dein Reich scheuen!
Wer salzt mir dort den Maien?
Wer sämt die Freuden an?
Wer rückt mein Luderbette

An vorgewärmte Stätte,
da ich in Frieden scheitern kann?

Oh Himmel, unberufen,
wenn Mond auf goldenem Hufe
über die Erde springt –
Was Hunde hochgetrieben?
So legt euch denn, ihr Lieben
und schürt, was euch ein Feuer dünkt.

Wollt endlich, sonder Sträuben,
still linkskant liegen bleiben,
wo euch kein Scherz mehr trifft.
Müde des oft Gesehnen,
gönnt euch ein reines Gähnen
und nehmt getrost vom Abendgift.
(v. 1962)

Ingeborg Bachmann

Dunkles zu sagen

Wie Orpheus spiel ich
auf den Saiten des Lebens den Tod
und in die Schönheit der Erde
und deiner Augen, die den Himmel verwalten,
weiß ich nur Dunkles zu sagen.

Vergiss nicht, dass auch du, plötzlich,
an jenem Morgen, als dein Lager
noch nass war von Tau und die Nelke
an deinem Herzen schlief,
den dunklen Fluss sahst,
der an dir vorbeizog.

Die Saite des Schweigens
gespannt auf die Welle von Blut,
griff ich dein tönendes Herz.
Verwandelt ward deine Locke
ins Schattenhaar der Nacht,
der Finsternis schwarze Flocken
beschneiten dein Antlitz.

Und ich gehör dir nicht zu.
Beide klagen wir nun.

Aber wie Orpheus weiß ich
auf der Seite des Todes das Leben,
und mir blaut
dein für immer geschlossenes Aug.
(v. 1952)

Paul Celan
Corona

Aus der Hand frisst der Herbst mir sein Blatt: Wir sind Freunde.
Wir schälen die Zeit aus den Nüssen und lehren sie gehn:
Die Zeit kehrt zurück in die Schale.

Im Spiegel ist Sonntag,
im Traum wird geschlafen,
der Mund redet wahr.

Mein Aug steigt hinab zum Geschlecht der Geliebten.
Wir sehen uns an,
wir sagen uns Dunkles,
wir lieben einander wie Mohn und Gedächtnis,
wir schlafen wie Wein in den Muscheln,
wie das Meer im Blutstrahl des Mondes.

Wir stehen umschlungen im Fenster, sie sehen uns zu von der Straße:
Es ist Zeit, dass man weiß!
Es ist Zeit, dass der Stein sich zu blühen bequemt,
dass der Unrast ein Herz schlägt.
Es ist Zeit, dass es Zeit wird.

Es ist Zeit.
(v. 1952)

Johannes Bobrowski
Hölderlin in Tübingen

Bäume irdisch, und Licht,
darin der Kahn steht, gerufen,
die Ruderstange gegen das Ufer, die schöne
Neigung, vor dieser Tür
ging der Schatten, der ist
gefallen auf einen Fluss
Neckar, der grün war, Neckar,
hinausgegangen
um Wiesen und Uferweiden.

Turm,
dass er bewohnbar
sei wie ein Tag, der Mauern
Schwere, die Schwere
gegen das Grün,
Bäume und Wasser, zu wiegen
beides in einer Hand:
Es läutet die Glocke herab
über die Dächer, die Uhr
rührt sich zum Drehn
der eisernen Fahnen.
(v. 1961)

Paul Celan
Tübinger, Jänner

Zur Blindheit über-
redete Augen.
Ihre – »ein
Rätsel ist Rein-
entsprungenes« –, ihre
Erinnerung an
schwimmende Hölderlintürme, möwen-
umschwirrt.

Besuche ertrunkener Schreiner bei
diesen
tauchenden Worten:

Käme,
käme ein Mensch,
käme ein Mensch zur Welt, heute, mit
dem Lichtbart der
Patriarchen: Er dürfte
spräche er von dieser
Zeit, er
dürfte
nur lallen und lallen,
immer-, immer-
zuzu.

(»Pallaksch. Pallaksch.«)
(v. 1963)

Materialien

I 8. Mai 1945 – Die Stunde Null?

DIE ZEIT
GESCHICHTE
Die Stunde Null
8. Mai 1945
Teil 2: Lehren aus der Katastrophe
Heinrich Böll:
Brief an meine Söhne
Jens-Christian Wagner:
Auschwitz im Harz –
das KZ Mittelbau-Dora
Das längste Jahr
Gespräch mit dem Historiker
Hans-Ulrich Wehler
Nr. 1, Teil 2 April 2005

1 Bertolt Brecht: Journal Amerika

3. 5. 45

Helfe *Laughton,* für eine Platte die Schöpfungsgeschichte einzustudieren. Er hat im Ohr den bekannten, internationalen Pfaffenton, und da seine Stimme wenig und schwerfällig seinem Gestus folgt, d. h. überhaupt wenig beweglich ist, verdirbt das alles. Ich rate ihm zu einigen Exerzitien, und wir gehen in ein Plattenstudio, wo wir folgendes aufnehmen: a) die Schöpfung, rezitiert nach einem Franzosen wie Jean Renoir, b) von einem Yorkshire-Mann (Heimat Laughtons), c) von einem cockney (at the beginning Mr. Smith created the heaven and the earth), d) von einem Pflanzer, der Eingeborene glauben machen will, er habe die Welt geschaffen, e) von einem Butler (in the beginning his Lordship created ...), f) von einem Soldaten „in the foxhole“ (mit „so what“ und „much good did it to us“ zwischen den Schöpfungsakten). Nun kommt das Ganze als ein primitiver Fruchtbarkeits- und Phallus-Tanz.

8. 5. 45

Nazideutschland kapituliert bedingungslos. Früh sechs Uhr im Radio hält der Präsident eine Ansprache. Zuhörend betrachte ich den blühenden kalifornischen Garten.

12. 5. 45

Zwei Filme besprochen, die man für Deutschland machen könnte: „Dr. Ley“ und die Geschichte einer Bauernfrau, die zwei Tage mit sich und ihrer Familie (darunter dem beurlaubten Sohn) kämpft, ob sie einem halbverhungerten Gefangenen einen halben Laib Brot zustecken soll. Sie tut es und bringt ihren Sohn, den Soldaten, gefesselt mit Ochsenstricken auf einem Leiterwagen zu den Alliierten (in Sicherheit).

2 Thomas Mann: Tagebucheintrag

Pacif. Palis., Dienstag den 8. V. 45

Außergewöhnlicher und ermüdender Tag. Nüchtern mit K. nach Beverly Hills zum / Röntgen-Laboratorium: Zahlreiche Durchleuchtungen und Aufnahmen nach Einverleibung von etwas Wismut-Getränk. Dauer: eine Stunde. Zu Hause wieder zu Bette gegangen, geschlummert und Zeitung gelesen. Keine Nahrung.

1/2 3 Uhr erneute Fahrt zum Laboratorium mit Erika. Kontroll-Aufnahme, wieder im weißen Hemd mit Rückenverschluss. Umständlich. Nahrung freigegeben. Im Auto etwas Wermut und Cigarette. Zu Hause Suppe, Koteletts und Kaffee. Zeitschriften gelesen. Vorm Abendessen Brief an Hardt diktiert (der keinen Geburtstags-Rezitations-Abend geben soll) und Handschriftliches erledigt. A. M. Frey gedankt für seine Besprechung des Moses. – Abends franz. Champagner zur Feier des VE-day. Hörten die Reden von Truman und Churchill. Die Russen nehmen Breslau, Dresden, Olmütz. Beschreibung der Unterzeichnungsszene in Reims. Jodls Ansprache und Appell an die „Generosität". Radio-Ansprache des Dönitz an das Volk. Die Grundlage des national-sozialistischen Staates sei zerstört, die Partei vom Schauplatz verschwunden. Er wolle versuchen, in den kommenden schweren Zeiten hilfreich zu sein. Goering und Himmler sollen bei ihm in Flensburg sein. Sagt, das Recht müsse in Deutschland herrschen und das Ziel sein, der europäischen Völkerfamilie anzugehören nach Überwindung des Hasses, der Deutschland jetzt rings umgebe. Weiter geht die Verleugnung des Nazitums nicht und kann von dieser Seite nicht weitergehen. – Die Russen suchen weiter vergebens nach Hitlers Leichnam.

3 Gottfried Benn an F. W. Oelze

[...] Eine verlorene Stadt. Möglicherweise gehn wir nach Neuhaus a. d. Elbe, einem Dorf, wo jemand ein paar leerstehende Katen entdeckt hat. Dann würde ich mir erlauben, Ihnen dies mitzuteilen. Sollte ich hingelangen, würde ich dort noch einem Schluß zu dem Essayband schreiben: „Willkommen den literarischen Emigranten", Bezug nehmend auf jenen „Offenen Brief an die l. E", 1933. Ich würde sagen, daß ich meine damaligen Positionen im wesentlichen aufrecht erhalte u. daß ich auch rückblickend das Bleiben in Deutschland für das Richtigere halte. „Der Untergang eines Volkes, selbst wenn es sich um das ... handelt, ist eine ernste Sache, die sich nicht mit literarischen Arabesken von Miami aus, auch nicht mit einem an sich vielleicht gerechtfertigten Haß abtun läßt, hier handelt es sich um Kern- u. Substanzfragen – tua res agitur!" Im übrigen wird natürlich nochmals die ganze Radikalität meiner antagonistischen Einstellung gegen ... klargestellt. ... Ich denke, daß es in Ihrem Sinne ist, wenn ich unser Hierbleiben noch einmal rechtfertige u. begründe. Wer über Deutschland reden u. richten will, muß hier geblieben sein. Dies eine banale Skizzierung der Planung für Neuhaus. [...]

Ihr Benn.

(19. 3. 1945)

4 Walter von Molo: Offener Brief an Thomas Mann

Mit aller, aber wahrhaft aller Zurückhaltung, die uns nach den furchtbaren zwölf Jahren auferlegt ist, möchte ich dennoch heute bereits und in aller Öffentlichkeit ein paar Worte zu Ihnen sprechen: Bitte, kommen Sie bald, sehen Sie in die vom Gram durchfurchten Gesichter, sehen Sie das unsagbare Leid in den Augen der vielen, die nicht die Glorifizierung unserer Schattenseiten mitgemacht haben, die nicht die Heimat verlassen konnten, weil es sich hier um viele Millionen Menschen handelte, für die kein anderer Platz auf der Erde gewesen wäre als daheim, in dem allmählich gewordenen großen Konzentrationslager, in dem es bald nur mehr Bewachende und Bewachte verschiedener Grade gab [...]

Bitte, kommen Sie bald und zeigen Sie, dass der Mensch die Pflicht hat, an die Mitmenschen zu glauben, immer wieder zu glauben, weil sonst die Menschlichkeit aus der Welt verschwinden müsste. Es gab so viele Schlagworte, so viele Gewissensbedrückungen, und so viele haben alles vor und in diesem Kriege verloren, schlechthin alles, bis auf eines: Sie sind vernünftige Menschen geblieben, ohne Übersteigerung und ohne Anmaßung, deutsche Menschen, die sich nach der Rückkehr dessen sehnten und sehnen, was uns einst im Rate der Völker Achtung gab [...]

(13. 8. 1945)

5 Frank Thiess: Warum ich nicht emigriert bin

Walter von Molos offener Brief an Thomas Mann erhält eine wiederholte Aufforderung an diesen, nach Deutschland zu kommen und selber das Gesicht des Volkes zu betrachten, an das er während der 12¼ Jahre des nationalsozialistischen Infernos von Amerika aus seine Botschaften gesandt hat. Ich möchte dieser Aufforderung nachdrücklich zustimmen und sie auf die Persönlichkeiten unter den Emigranten ausdehnen, die sich heute noch als Deutsche fühlen [...]
Nach Ebermayers Bericht soll Thomas Mann ihn aufgefordert haben, Deutschland zu verlassen, weil die Emigration als der einzige klare Ausdruck einer Nazi-Gegnerschaft angesehen werden könne. Ebermayer antwortete: als deutscher Schriftsteller bedürfe er des deutschen Raums, der deutschen Erde und des Widerhalls deutscher Menschen [...]
Das war richtig, denn die Welt, auf die wir innerdeutschen Emigranten uns stützten, war ein innerer Raum, dessen Eroberung Hitler trotz aller Bemühung nicht gelungen ist [...]
Auch ich bin oft gefragt worden, warum ich nicht emigriert sei, und konnte immer nur dasselbe antworten: Falls es mir gelänge, diese schauerliche Epoche (über deren Dauer wir uns freilich alle getäuscht hatten) lebendig zu überstehen, würde ich dadurch derart viel für meine geistige und menschliche Entwicklung gewonnen haben, dass ich reicher an Wissen und Erleben daraus hervorging, als wenn ich aus den Logen und Parterreplätzen des Auslands der deutschen Tragödie zuschaute.

(18. 8. 1945)

6 Thomas Mann: Offener Brief für Deutschland

Nun muss es mich ja freuen, dass Deutschland mich wieder haben will – nicht nur meine Bücher, sondern mich selbst als Mensch und Person. Aber etwas Beunruhigendes, Bedrückendes haben diese Appelle doch auch für mich, und etwas Unlogisches, sogar Ungerechtes. Nicht wohl Überlegtes spricht mich daraus an. Sie wissen nur zu gut, lieber Herr von Molo, wie teuer Rat und Tat heute in Deutschland sind bei der fast heillosen Lage, in die unser unglückliches Volk sich gebracht hat. Und ob ein schon alter Mann, an dessen Herzmuskeln die abenteuerliche Zeit doch auch ihre Anforderungen gestellt hat, direkt, persönlich, im Fleische noch viel dazu beitragen kann, die Menschen dort aus ihrer tiefen Gebeugtheit, die Sie so ergreifend schildern, aufzurichten, scheint mir recht zweifelhaft. Dies nur nebenbei. Nicht recht überlegt aber scheinen mir bei jenen Aufforderungen auch die technischen, bürgerlichen, seelischen Schwierigkeiten, die meiner „Rückwanderung" entgegenstehen. Sind diese zwölf Jahre und ihre Ergebnisse denn von der Tafel zu wischen, und kann man tun, als seien sie nicht gewesen? Schwer genug, atembeklemmend genug war Anno 33 der Schock des Verlustes der gewohnten Lebensbasis von Haus und Land, Büchern, Andenken und Vermögen, begleitet von kläglichen Aktionen daheim, von Ausbootungen, Absagen. [...]
Ja, Deutschland ist mir in all diesen Jahren doch recht fremd geworden. Es ist, das müssen Sie zugeben, ein beängstigendes Land. Ich gestehe, dass ich mich vor den deutschen Trümmern fürchte, dass die Verständigung zwischen einem, der den Hexensabbat von außen erlebte, und euch, die ihr mitgetanzt und Herrn Urian aufgewartet habt, immerhin schwierig wäre [...] Es mag Aberglaube sein, aber in meinen Augen sind Bücher, die von 1933 bis 1945 in Deutschland überhaupt gedruckt werden konnten, weniger als wertlos und nicht gut, in die Hand zu nehmen. Ein Geruch von Blut und Schande haftet ihnen an. Sie sollten alle eingestampft werden [...]

(28. 9. 1945)

7 Frank Thiess: Zu Thomas Manns Offenem Brief

Mann hat uns sehr deutlich zu verstehen gegeben, warum er nicht mehr nach Deutschland zurückkehren will. „Nach dem verwüsteten Deutschland ziehen? Um sich selber verwüsten zu lassen?", rief er aus. Und erging sich weiter in Hassausbrüchen gegen den Nationalsozialismus, mit denen er uns nur insofern Neues gesagt hat, als darin für meine Ohren ein neuer Hass hervorklang, ein wahrhaft fürchterlicher und schrecklicher, der Hass gegen Deutschland [...]

Wer das besiegte, zertrümmerte und verarmte Deutschland nicht gesehen hat, kann es sich nicht vorstellen. Auch ein Dichter nicht, obwohl recht eigentlich seiner Natur die Gabe verliehen ist, sich auch in solche Zustände zu versetzen, die er selber nie mit Augen geschaut hat. Nein, auch ein Thomas Mann könnte es sich nicht vorstellen, und das Erlebnis eines solchen Besuchs seiner alten Heimat müsste – so dachte ich – für ihn so fürchterlich sein, dass er darüber nie mehr in seinem Leben hinwegkäme. Er würde es schmerzlich bereuen, ein Volk als Ganzes verurteilt zu haben, das nun so hilflos am Boden liegt wie nie zuvor während seiner tausendjährigen Geschichte. Und er würde sich vielleicht fragen, was dieses irregeführte, verratene, schreckliche und große Volk ihm getan hat, dass er auch heute noch die Pfeile seines Zorns in seine Wunden schießt. Dieses Noch-in-die-Wunde-Schießen war es, was mich zu meinen Entgegnungen veranlasste und die Schärfe meines Zorns, gegen die sich Thomas Mann mit verächtlicher Phrase wendet, hervorgerufen hatte. [...]

(5. 1. 1946)

II Sprache nach dem Faschismus

1 Wolfdietrich Schnurre: Schreiben nach 1945

[...] Der Hunger nach Literatur, nach Kunst war ungeheuer, das Nachholbedürfnis einfach zu groß. Andererseits, wenn ich mich auf Bücher beschränke, waren die Erfahrungen, die man mit der vorhandenen Literatur gemacht hatte, zu deprimierend gewesen, als dass man sich jetzt einfach wieder von neuem ins so genannte Bewährte hätte stürzen wollen. Man brauchte kein Narkotikum, man brauchte die Wahrheit. Dass dabei zunächst *tabula rasa* gemacht worden ist, liegt in der Natur der Sache. Man hat eben damals lieber „Die Pest" von Camus oder Hemingway-Stories gelesen, als wieder zu Goethes „Wahlverwandtschaften" zu greifen. Was nichts gegen Goethe, aber viel über das geistige Bedürfnis Geschundener sagt.
Was nun das Schreiben anging, so war hier das Misstrauen in die Sprache oft geradezu unüberwindbar. Denn die Sprache war es ja gewesen, die sich zuerst hatte verführen lassen. Und sie war nicht nur zur Soldatenhure, sie war auch zur nazistischen Propagandistin verkommen. Mit dieser Verräterin jetzt Umgang zu haben war ein arges Geschäft. Man beschränkte sich daher aufs Wesentliche. Ließ kein einziges unklares, gar missbrauchtes Wort in sie ein. Schrieb wie gemeißelt. Sah jedes Und als mögliche Denunziation an. Warf mehr Wörter heraus, als man hereinnahm. Klopfte ab. Vollzog Säuretests. Biss sozusagen erst in jedes Wort vor Gebrauch. Der Zunge bekam das nicht. Wohl aber der Schreibe. Sie war nicht gleich wieder lesbar. Aber sie war redlich. Es ließ sich schon wieder einiges sagen in ihr. Man hatte, auf seinen ersten so entstandenen Kurzgeschichten, Gedichten stehend, auf einmal wieder Boden unter den Füßen. Herausgehalten aus den Auseinandersetzungen um Literatur? Pragmatisch mitgemischt doch wohl eher.

(1945)

2 Victor Klemperer: LTI

[...] der Nazismus glitt in Fleisch und Blut der Menge über durch die Einzelworte, die Redewendungen, die Satzformen, die er ihr in millionenfachen Wiederholungen aufzwang und die mechanisch und unbewusst übernommen wurden. Man pflegt das Schiller-Distichon von der „gebildeten Sprache, die für dich dichtet und denkt", rein ästhetisch und sozusagen harmlos aufzufassen. Ein gelungener Vers in einer „gebildeten Sprache" beweist noch nichts für die dichterische Kraft seines Finders; es ist nicht allzu schwer, sich in einer hoch kultivierten Sprache das Air eines Dichters und Denkers zu geben.

Aber Sprache dichtet und denkt nicht nur für mich, sie lenkt auch mein Gefühl, sie steuert mein ganzes seelisches Wesen, je selbstverständlicher, je unbewusster ich mich ihr überlasse. Und wenn nun die gebildete Sprache aus giftigen Elementen gebildet oder zur Trägerin von Giftstoffen gemacht worden ist? Worte können sein wie winzige Arsendosen: Sie werden unbemerkt verschluckt, sie scheinen keine Wirkung zu tun, und nach einiger Zeit ist die Giftwirkung doch da. Wenn einer lange genug für heldisch und tugendhaft: fanatisch sagt, glaubt er schließlich wirklich, ein Fanatiker sei ein tugendhafter Held, und ohne Fanatismus könne man kein Held sein. Die Worte fanatisch und Fanatismus sind nicht vom Dritten Reich erfunden, es hat sie nur in ihrem Wert verändert und hat sie an einem Tage häufiger gebraucht als andere Zeiten in Jahren. Das Dritte Reich hat die wenigsten Worte seiner Sprache selbstschöpferisch geprägt, vielleicht, wahrscheinlich sogar, überhaupt keines. Die nazistische Sprache weist in vielem auf das Ausland zurück, übernimmt das meiste andere von vorhitlerischen Deutschen. Aber sie ändert Wortwerte und Worthäufigkeiten, sie macht zum Allgemeingut, was früher einem Einzelnen oder einer winzigen Gruppe gehörte, sie beschlagnahmt für die Partei, was früher Allgemeingut war, und in alledem durchtränkt sie Worte und Wortgruppen und Satzformen mit ihrem Gift, macht sie die Sprache ihrem fürchterlichen System dienstbar, gewinnt sie an der Sprache ihr stärkstes, ihr öffentlichstes und geheimstes Werbemittel.

(1946)

3 Theodor W. Adorno: Dichten nach Auschwitz

[...] Je totaler die Gesellschaft, umso verdinglichter auch der Geist und um so paradoxer sein Beginnen, der Verdinglichung aus eigenem sich zu entwinden. Noch das äußerste Bewusstsein vom Verhängnis droht zum Geschwätz zu entarten. Kulturkritik findet sich der letzten Stufe der Dialektik von Kultur und Barbarei gegenüber: Nach Auschwitz ein Gedicht zu schreiben ist barbarisch, und das frisst auch die Erkenntnis an, die ausspricht, warum es unmöglich ward, heute Gedichte zu schreiben. Der absoluten Verdinglichung, die den Fortschritt des Geistes als eines ihrer Elemente voraussetzte und die ihn heute gänzlich aufzusaugen sich anschickt, ist der kritische Geist nicht gewachsen, solange er bei sich bleibt in selbstgenügsamer Kontemplation.

(1949)

1 lingua tertiae imperii = die Sprache des Dritten Reiches

4 Paul Celan: Bremer Literaturpreisrede

Denken und Danken sind in unserer Sprache Worte ein und desselben Ursprungs. Wer ihrem Sinn folgt, begibt sich in den Bedeutungsbereich von: „gedenken", „eingedenk sein", „Andenken", „Andacht". Erlauben Sie mir, Ihnen von hier aus zu danken.

Die Landschaft, aus der ich – auf welchen Umwegen! aber gibt es das denn: Umwege? –, die Landschaft, aus der ich zu Ihnen komme, dürfte den meisten von Ihnen unbekannt sein. Es ist die Landschaft, in der ein nicht unbeträchtlicher Teil jener chassidischen Geschichten zu Hause war, die Martin Buber uns allen auf Deutsch wiedererzählt hat. Es war, wenn ich diese topografische Skizze noch um einiges ergänzen darf, das mir, von sehr weit her, jetzt vor Augen tritt – es war eine Gegend, in der Menschen und Bücher lebten. Dort, in dieser nun der Geschichtslosigkeit anheim gefallenen ehemaligen Provinz der Habsburgermonarchie, kam zum ersten Mal der Name Rudolf Alexander Schröders auf mich zu: beim Lesen von Rudolf Borchardts „Ode mit dem Granatapfel". Und dort gewann Bremen auch so Umriss für mich: in der Gestalt der Veröffentlichungen der Bremer Presse.

Aber Bremen, näher gebracht durch Bücher und die Namen derer, die Bücher schrieben und Bücher herausgaben, behielt den Klang des Unerreichbaren.

Das Erreichbare, fern genug, das zu Erreichende hieß Wien. Sie wissen, wie es dann durch Jahre auch um diese Erreichbarkeit bestellt war. Erreichbar, nah und unverloren blieb inmitten der Verluste dies eine: die Sprache.

Sie, die Sprache, blieb unverloren, ja, trotz allem. Aber sie musste nun hindurchgehen durch ihre eigenen Antwortlosigkeiten, hindurchgehen durch furchtbares Verstummen, hindurchgehen durch die tausend Finsternisse todbringender Rede. Sie ging hindurch und gab keine Worte her für das, was geschah; aber sie ging durch dieses Geschehen. Ging hindurch und durfte wieder zutage treten, „angereichert" von all dem.

In dieser Sprache habe ich, in jenen Jahren und in den Jahren nachher, Gedichte zu schreiben versucht: um zu sprechen, um mich zu orientieren, um zu erkunden, wo ich mich befand und wohin es mit mir wollte, um mir Wirklichkeit zu entwerfen.

Es war, Sie sehen es, Ereignis, Bewegung, Unterwegssein, es war der Versuch, Richtung zu gewinnen. Und wenn ich es nach seinem Sinn befrage, so glaube ich, mir sagen zu müssen, dass in dieser Frage auch die Frage nach dem Uhrzeigersinn mitspricht.
Denn das Gedicht ist nicht zeitlos. Gewiss, es erhebt einen Unendlichkeitsanspruch, es sucht, durch die Zeit hindurchzugreifen – durch sie hindurch, nicht über sie hinweg.
Das Gedicht kann, da es ja eine Erscheinungsform der Sprache und damit seinem Wesen nach dialogisch ist, eine Flaschenpost sein, aufgegeben in dem – gewiss nicht immer hoffnungsstarken – Glauben, sie könnte irgendwo und irgendwann an Land gespült werden, an Herzland vielleicht. Gedichte sind auch in dieser Weise unterwegs: Sie halten auf etwas zu.
Worauf? Auf etwas Offenstehendes, Besetzbares, auf ein ansprechbares Du vielleicht, auf eine ansprechbare Wirklichkeit.
Um solche Wirklichkeiten geht es, so denke ich, dem Gedicht.
Und ich glaube auch, dass Gedankengänge wie diese nicht nur meine eigenen Bemühungen begleiten, sondern auch diejenigen anderer Lyriker der jüngeren Generation. Es sind die Bemühungen dessen, der, überflogen von Sternen, die Menschenwerk sind, der, zeltlos auch in diesem bisher ungeahnten Sinne und damit auf das Unheimlichste im Freien, mit seinem Dasein zur Sprache geht, wirklichkeitswund und Wirklichkeit suchend.

(1958)

5 Peter von Matt: Auf schwankenden Füßen

Das Gedicht „Latrine" von Günter Eich wurde einst als Programm gelesen. Es stand für „Kahlschlag", „Stunde Null", „Neubeginn". Genau besehen, war es nicht einmal das Gedicht als Ganzes, was dieses Programm verkörperte. Das Fanal steckte vielmehr im Ereignis eines einzigen Reims. Dass „Hölderlin" sich auf „Urin" reimte, sei, man kann es heute noch hören, ein Schock gewesen, ein Skandal, und aus diesem Skandal sei die neue deutsche Literatur geboren worden, die Literatur einer jungen Generation, die endlich aufräumte mit Mief und Verlogenheit. Illusionslos, nur auf Wahrheit und Genauigkeit verpflichtet, sprachen diese neuen Dichter aus, was der Fall war. Nichts weiter. Dies aber laut und deutlich. So die Legende.

Tatsächlich erschien das Gedicht erstmals 1946 in der Zeitschrift „Der Ruf". Alfred Andersch gab sie zusammen mit Hans Werner Richter heraus, Untertitel: „Unabhängige Blätter der jungen Generation". Nach einem Eingriff der amerikanischen Besatzungszensur und dem Verbot des Nachfolgeprojekts „Der Skorpion" gründete ein Häuflein von Redakteuren und Mitarbeitern des „Ruf" die Gruppe 47. Man wollte die für den „Skorpion" vorgesehenen Texte gemeinsam diskutieren und in weiteren Treffen eine Gegenöffentlichkeit schaffen für die junge Literatur.

Zur Gruppe 47 gehörte Günter Eich von Anfang an. 1950 erhielt er ihren ersten Preis. Jedermann wusste: Er hatte „Hölderlin" auf „Urin" gereimt; er war ein Vorkämpfer. Dass er auch ein Nachkämpfer war, blieb weniger bekannt. Er hatte fast die ganze Nazi-Zeit hindurch in Deutschland für den Rundfunk gearbeitet und eine breite Produktion von Hörspielen geliefert. Was davon überliefert ist, ist ziemlich schrecklich, ziemlich Blut und Boden. Ein Beispiel steht in der Werkausgabe, das „Monatsbild Dezember" von 1937 mit einer vom Chor gesungenen Sonnwendhymne: „In Eis und Schnee begraben alle Zonen / gefroren blickt der blaue See herauf. / Du, schönes Land, in dem die Deutschen wohnen, / mach wieder deine blauen Augen auf. // Eilt, Sonnenpferde, eilt! Die goldnen Lanzen / werf ich mit Macht durchs dunkelnde Gezelt. / Die Nebelfahnen flattern, doch wir pflanzen / des Lichtes Zeichen durch die Winterwelt".

Was immer sich die Hörer unter „des Lichtes Zeichen" gedacht haben mögen, sicher ist, das der „Ruf" und der „Skorpion" und die Gruppe 47 genau gegen diese Art Literatur antraten und dass also die kulturkritische Polemik, die im Latrinengedicht steckt, auch auf das poetische Vorleben des Autors selber zielte.

Günter Eich wurde zu einem der großen Lyriker der Nachkriegszeit, weil er gerade nicht, wie die Legende es will, den Neubeginn, sondern den ganzen literarischen Prozess verkörperte, der in Deutschland seit 1927, dem Jahr seiner ersten Gedichte, abgelaufen war. Und die Leistung des Latrinen-Gedichts besteht daher auch nicht in der angeblichen Kühnheit jenes Reims, sondern darin, dass hier einer vom Dreck spricht, der hinter und unter ihm liegt und weiterhin zum Himmel stinkt. Die Kotlachen, in denen sich die weißen Wolken spiegeln, sind mehr als ein preziöses Bild. Dieses könnte sich auch bei Baudelaire finden. Hier aber wird von einem Gegensatz gesprochen, den es von nun an auszuhalten gilt, obwohl er unerträglich ist. Das Schlüsselwort ist „irr". Man denkt zunächst, es beziehe sich auf Hölderlin und seine Verse, es bezieht sich aber auf den, der da spricht. An den Rand des Wahnsinns gerät, wer hier, über der braunen Kloake der Geschichte, weiterhin mit Gedichten lebt und Gedichte schreibt. Und doch muss es geschehen.

Die Legende vom „Neubeginn" einer unschuldigen Generation hat verdeckt, was die verbindliche Dichtung der Nachkriegszeit, auch die Dichtung Eichs, verwirklicht hat. Trotz der „schwankenden Füße" aufrecht zu stehen und zu reden, wo sich jedes Wort zu verbieten schien. Und wenn diese Rede oft genug nur noch in Paradoxen möglich war, in schrägen Verkürzungen, zuletzt im irren Witz der „Maulwürfe", sie hat sich doch dem Unerträglichen gestellt und das vorzeitige Vergessen verhindert.

(2003)

III Deutsche Nachkriegsgeschichte 1949–1961

1 Wichtige Stationen

1945

8. Mai 1945: Kapitulation
17. Juli bis 2. August: Potsdamer Konferenz; Unterzeichnung des Potsdamer Abkommens (Verschiebung der polnischen Grenzen; Ausweisung der deutschen Bevölkerung aus den Ostgebieten.)

1946

11./22. April: Vereinigungsparteitag von SPD und KPD in der sowjetisch besetzten Zone
Oktober: Verkündung der Urteile im Nürnberger Hauptkriegsverbrecherprozess

1947

Juni: Die USA legen den Marshall-Plan (Kredite und Zuschüsse zum Wiederaufbau) vor

1948

21. Juni: Währungsreform in den drei Westzonen. Zwei Tage später wird Westberlin in die Währungsreform einbezogen; am 26. Juni Beginn der Blockade und Luftbrücke (bis 5. Mai 1949)

1949

8. April: Zusammenschluss der drei Westzonen zur Trizone
23. Mai: Verkündigung des Grundgesetzes der BRD
14. August: Erste Wahlen zum Deutschen Bundestag
12. September: Theodor Heuss wird zum ersten Bundespräsidenten gewählt; drei Tage später Konrad Adenauer zum ersten Bundeskanzler
7. Oktober: Gründung der DDR; am 11. 10. wird Wilhelm Pieck zum Präsidenten, einen Tag später Otto Grotewohl zum Ministerpräsidenten der DDR gewählt

Adenauer stellt sein Kabinett vor.

1950
25. Juni: Beginn des Korea-Krieges
3. August: Gesetz zur Gründung des Verfassungsschutzes
26. Oktober: Das „Amt Blank" übernimmt die Organisation der Wiederaufrüstung

1951
30. Januar: Der DDR-Ministerpräsident schlägt zur Wiederherstellung der deutschen Einheit die Bildung eines „gesamtdeutschen Rates" vor
6. März: Änderung des Besatzungsstatuts – der BRD wird eine selbstständige Außenpolitik zugebilligt
24. April: Eine Volksbefragung zur Frage der Wiederaufrüstung wird von der Bundesregierung verboten

1952
10. März: Note der Sowjetunion zur Deutschlandfrage mit dem Angebot der Wiedervereinigung; der Notenaustausch der Alliierten bleibt ohne Ergebnis
26. Mai: Unterzeichnung des „Deutschlandvertrages": Ablösung des „Besatzungsstatuts" der westlichen Alliierten; die BRD wird souverän
24. Juni: Die erste Ausgabe der „Bild-Zeitung" erscheint

1953
18. März: Gegen die Stimmen von SPD und KPD nimmt der Bundestag den Vertrag über die Gründung der „Europäischen Verteidigungsgemeinschaft" an
17. Juni: Aufstand in der DDR

1954
23. Oktober: Pariser Verträge: Die BRD wird in die Westeuropäische Union aufgenommen, ihr Beitritt zur NATO (am 9. 5. 1955 vollzogen) beschlossen
29. November/2. Dezember: Ostblockkonferenz in Moskau: Angebot freier gesamtdeutscher Wahlen gegen den Verzicht auf die Wiederbewaffnung der BRD

1955
25. Januar: Die Sowjetunion erklärt den Kriegszustand mit Deutschland für beendet
September: Besuch Adenauers in der Sowjetunion; Aufnahme diplomatischer Beziehungen
20. Oktober: Gründung eines Ministeriums für Atomfragen

1956
2. Januar: Die ersten Einheiten der Bundeswehr werden aufgestellt
18. Januar: DDR-Volkskammer nimmt Gesetz über die Schaffung der „Nationalen Volksarmee" an
7. Juli: Allgemeine Wehrpflicht in der BRD
17. August: KPD wird vom Bundesverfassungsgericht als verfassungsfeindlich verboten
Oktober: Aufstand in Ungarn; „Suezkrise"

1957
1. Januar: Saarland wird Bundesland der BRD
26. März: Verträge von Rom (EWG)

1958
20. Januar: Adenauer lehnt in einem Schreiben an den Vorsitz des Ministerrats der Sowjetunion dessen Vorschlag einer Konfödera-

tion beider deutscher Staaten als Vorstufe einer Wiedervereinigung ab
10. März: Gründung des Arbeitsausschusses „Kampf dem Atomtod“
25. März: Bundestag beschließt Atomwaffenausrüstung der Bundeswehr
30. Juli: Bundesverfassungsgericht erklärt eine Volksabstimmung über die Atomwaffenausrüstung der Bundeswehr für verfassungswidrig

1959
1. Juli: Nachdem Konrad Adenauer seine Kandidatur drei Wochen vor der Wahl zurückgezogen hatte, wird Heinrich Lübke Bundespräsident

1960
Sommer: starke Zunahme der Flucht aus der DDR

1961
13. August: Die DDR baut eine Mauer durch Berlin

Letzte Möglichkeit zur Flucht. Sprung über die Mauer am 13. August 1961.

2 Das deutsche Wirtschaftswunder

Wohlstand breitet sich aus. Eine Familie der Fünfzigerjahre.

Ludwig Erhard, Bundeswirtschaftsminister 1949–1963, stellt seine programmatische Schrift „Wohlstand für alle" vor, 1957.

Der VW-Käfer wird zum Symbol des deutschen Wirtschaftswunders in den Fünfzigerjahren.

3 Politischer Protest trotz wachsenden Wohlstands

Protestkundgebung gegen die Wiederbewaffnung in Düsseldorf am 18. Januar 1955.

4 Ulrike Marie Meinhof: Provinz und kleinkariert

Eigentlich ist alles schon einmal gesagt worden; dass die Stadt Bonn finsterste rheinische Tourismusprovinz ist; dass Adenauer, schon als er sein Amt antrat, verdammt alt war; dass seine Politik der ausschließlichen Westorientierung nur um den Preis der deutschen Wiedervereinigung durchgeführt werden konnte; dass viel zu viele alte Nazis in der Armee, in den Ministerien, in der Justiz und der Polizei, in der Lehrerschaft, kurz: in Ämtern und Würden sitzen; und dass das Beste an der Bundesrepublik ihr Grundgesetz ist, welches bezeichnenderweise zwar nicht ohne Adenauer, aber vor seiner Ära entstand. Auch die unausgesprochenen Argumente der anderen Seite sind nicht unbekannt: dass eine solide und rasche Wiederaufrüstung ohne den Rückgriff auf ein paar geschulte, versierte Nazi-Offiziere gar nicht möglich gewesen wäre, die ihrerseits eine systematische Aufklärung über die Rolle des deutschen Militarismus in Kaiserreich, Weimar und NS-Staat verhindern mussten, wenn sie eine Armee mit ein bisschen Tradition und Selbstvertrauen – eine brauchbare Armee – aufbauen wollten, ohne das Mittel ihrer Zersetzung selbst beizusteuern; dass der glänzende, im In- und Ausland bewunderte Aufstieg der Bundesrepublik mit fast nahtlosem Anschluss an das westliche Militärsystem samt Überbau so reibungslos nicht vonstatten gegangen wäre ohne die Verwendung einer erprobten, bewährten, ergebenen Beamtenschaft und sonstiger Fachleute, die nicht so hoch qualifiziert wären, hätten sie nicht unangefochten ein bestimmtes Parteiabzeichen getragen und den Staat, den braunen, dazu.

Alles ist schon einmal gesagt worden über die Ära Adenauer, zu Zeiten ihres Aufstiegs, zu Zeiten ihres Glanzes und nun, da es zumindest mit IHM zu Ende geht, kurz: über die Bundesrepublik seit ihrer Gründung und der Wahl Konrad Adenauers zum Bundeskanzler im Jahre 1949 bis jetzt, Mitte August 1963. Denn was die Bundesrepublik ist, ist mit dem Namen Adenauer ebenso eng verbunden, wie er selbst nur durch eine Beschreibung der Bundesrepublik charakterisiert werden kann.

Alles ist schon einmal gesagt worden, aber nichts und nirgends wurde etwas begriffen. In diesem Land wird gelebt, als gäbe es keine anderen Bündnispartner als die der NATO; als wäre Christlichkeit etwas so Selbstverständliches wie Peter-Stuyvesant-Werbung; als wäre der Nationalsozialismus ein bedauerlicher Fauxpas; Wehrpflicht nichts anderes als eine Unterbrechung der Ausbildung und des beruflichen Fortkommens; der Bundestag ein Fachausschuss von Sachverständigen für Sachverständige; die Oder-Neiße-Grenze ein Produkt sowjetischer Willkür, die DDR ein Wechselbalg kommunistischer Weltverschwörung; die deutsch-französische Freundschaft ein Beitrag zur Völkerverständigung. [...]

Vierzehn Jahre Adenauer haben aus 55 Millionen Deutschen, Schreibern und Lesern, Politikern und Kommentatoren, Zuschauern und Produzenten an Fernsehschirm und Leinwand ein Volk von Halbinformanden und Halbinformierten gemacht, von denen die einen nur die Hälfte dessen erfahren, was sie brauchen; belastet mit Vorurteilen, umgeben von Tabus, eingeschnürt in Illusionen, sodass sie ihre eigenen Vorteile nicht mehr zu erkennen vermögen, ihre eigenen Interessen nicht mehr wahrzunehmen. [...]

So groß wie die Unkenntnis unmittelbar eigener Angelegenheiten ist vermutlich auch die Naivität gegenüber den großen außenpolitischen Ereignissen. Nicht die Gesinnung der Leute steht dabei in Frage, sondern die Maßstäbe, mit denen sie Gewicht und Belang augenscheinlich historischer Daten wägen.

(1963)

IV Erinnern oder verdrängen? – Kollektiver und privater Umgang mit der Geschichte

1 Franz Werfel: An das deutsche Volk

Deutsche Menschen! Es ist eine furchtbare Prüfung, durch die ihr durchgehen müsst, eine Prüfung ohne Muster und Beispiel in der Weltgeschichte. Nicht dass eure stolzen Armeen zerschlagen und gefangen sind, nicht dass eure blühenden Städte in Trümmern liegen, nicht dass Millionen von euch, aus ihren verkohlten Wohnstätten vertrieben, obdachlos und hungrig über die Landstraßen wandern, nicht in all diesem materiellen Elend, so grauenhaft es auch ist, liegt die furchtbare Prüfung, der ihr unterworfen seid. Dasselbe Elend, das euch jetzt hohläugig durch Ruinen jagt, habt ihr den anderen Völkern Europas kalten Herzens selbst bereitet und habt euch nicht einmal umgesehen nach dem Jammer, der euer Werk war. Die Völker haben diesen Jammer überdauert, und auch ihr werdet den Jammer überdauern, unter einer einzigen Bedingung freilich, dass ihr eure Seele rettet. Und das ist die furchtbare Prüfung und die große Frage: „Wird Deutschland seine Seele retten?" Es geht um die objektive Erkenntnis des Geschehenen und um die subjektive Erkenntnis der Schuld. Deutsche Menschen! Wisst ihr, was durch eure Schuld und Mitschuld geschehen ist in den Jahren des Heils 1933 bis 1945, wisst ihr, dass es Deutsche waren, die Millionen und Millionen friedfertiger, harmloser, unschuldiger Europäer mit Methoden umgebracht haben, die den Teufel selbst schamrot machen würden, kennt ihr die Bratöfen und Gaskammern von Maidanek, den Jaucheberg verwesender Mordopfer in Buchenwald, Belsen und hundert anderen Höllenlagern [...] Das Verbrechertum des Nationalsozialismus und die unsagbare Verrohung des deutschen Wesens sind logische Folgen der frechen Teufelslehren, die vom „Recht des Stärkeren" schwärmen und behaupten, Recht sei einzig und allein das, was dem Volke, das heißt ein paar Bonzen und Gauner, nützt [...]

(1945)

2 Hannah Arendt: Besuch in Deutschland

In weniger als sechs Jahren zerstörte Deutschland das moralische Gefüge der westlichen Welt, und zwar durch Verbrechen, die niemand für möglich gehalten hätte, während die Sieger die sichtbaren Zeugnisse einer über tausendjährigen deutschen Geschichte in Schutt und Asche legten. Danach strömten in dieses verwüstete Land, das durch den Schnitt entlang der Oder-Neiße-Linie verkleinert wurde und seine demoralisierte und erschöpfte Bevölkerung kaum versorgen konnte, Millionen von Menschen aus den Ostgebieten, dem Balkan und aus Osteuropa. Dieser Menschenstrom fügte dem üblichen Katastrophenbild noch spezifisch moderne Züge, nämlich Heimatverlust, soziale Entwurzelung und politische Rechtlosigkeit hinzu. Man mag bezweifeln, ob die Politik der Alliierten, alle deutschen Minderheiten aus nichtdeutschen Ländern zu vertreiben – als ob es nicht schon genug Heimatlosigkeit auf der Welt gäbe –, klug gewesen ist; doch außer Zweifel steht, dass bei denjenigen europäischen Völkern, die während des Krieges die mörderische Bevölkerungspolitik Deutschlands zu spüren bekommen hatten, die bloße Vorstellung, mit Deutschen auf demselben Territorium zusammenleben zu müssen, Entsetzen und nicht bloß Wut auslöste.

Der Anblick, den die zerstörten Städte in Deutschland bieten, und die Tatsache, dass man über die deutschen Konzentrations- und Vernichtungslager Bescheid weiß, haben bewirkt, dass über Europa ein Schatten tiefer Trauer liegt. Beides zusammen hat dazu geführt, dass man sich an den vergangenen Krieg schmerzlicher und anhaltender erinnert und die Angst vor künftigen Kriegen an Gestalt gewinnt. Nicht das „deutsche Problem", insofern es sich dabei um einen nationalen Konfliktherd innerhalb der Gemeinschaft der europäischen Nationen handelt, sondern der Alptraum eines physisch, moralisch und politisch ruinierten Deutschlands ist ein fast ebenso entscheidender Bestandteil im allgemeinen Leben Europas geworden wie die kommunistischen Bewegungen.

Doch nirgends wird dieser Alptraum von Zerstörung und Schrecken weniger verspürt und nirgendwo wird weniger darüber gesprochen als in Deutschland. Überall fällt einem auf, dass es keine Reaktion auf das Geschehene gibt, aber es ist schwer zu sagen, ob es sich dabei um eine irgendwie absichtliche Weigerung zu trauern oder um den Ausdruck einer echten Gefühlsunfähigkeit handelt. Inmitten der Ruinen schreiben die Deutschen einander Ansichtskarten von Kirchen und Marktplätzen, den öffentlichen Gebäuden und Brücken, die es gar nicht mehr gibt. Und die Gleichgültigkeit, mit der sie sich durch die Trümmer bewegen, findet ihre Entsprechung darin, dass niemand um die Toten trauert; sie spiegelt sich in der Apathie wieder, mit der sie auf das Schicksal der Flüchtlinge in ihrer Mitte reagieren oder vielmehr nicht reagieren. Dieser allgemeine Gefühlsmangel, auf jeden Fall aber die offensichtliche Herzlosigkeit, die manchmal mit billiger Rührseligkeit kaschiert wird, ist jedoch nur das auffälligste äußerliche Symptom einer tief verwurzelten, hartnäckigen und gelegentlich brutalen Weigerung, sich dem tatsächlich Geschehenen zu stellen und sich damit abzufinden.

Diese Gleichgültigkeit und die Irritation, die sich einstellt, wenn man dieses Verhalten kritisiert, kann an Personen mit unterschiedlicher Bildung überprüft werden. Das einfachste Experiment besteht darin, *expressis verbis* festzustellen, was der Gesprächspartner schon von Beginn der Unterhaltung an bemerkt hat, nämlich, dass man Jude sei. Hierauf folgt in der Regel eine kurze Verlegenheitspause; und danach kommt – keine persönliche Frage, wie etwa: „Wohin gingen Sie, als Sie Deutschland verließen?", kein Anzeichen von Mitleid, etwa dergestalt: „Was geschah mit Ihrer Familie?" – sondern es folgt eine Flut von Geschichten, wie die Deutschen gelitten hätten (was sicher stimmt, aber nicht hierher gehört); und wenn die Versuchsperson dieses kleinen Experiments zufällig gebildet und intelligent ist, dann geht sie dazu über, die Leiden der Deutschen gegen die Leiden der anderen aufzurechnen, womit sie stillschweigend zu verstehen gibt, dass die Leidensbilanz ausgeglichen sei und dass man nun zu einem ergiebigeren Thema überwechseln könne. [...]

Eine solche Flucht vor der Wirklichkeit ist natürlich auch eine Flucht vor der Verantwortung.

(1950)

3 Alexander und Margarete Mitscherlich: Die Unfähigkeit zu trauern

Der kollektiven Verleugnung der Vergangenheit ist es zuzuschreiben, dass wenig Anzeichen von Melancholie oder auch von Trauer in der großen Masse der Bevölkerung zu bemerken waren. Einzig die Verbissenheit, mit der sofort mit der Beseitigung der Ruinen begonnen wurde und die zu einfach als Zeichen deutscher Tüchtigkeit ausgelegt wird, zeigt einen manischen Einschlag. Vielleicht ist es auch von dieser manischen Abwehr her zu verstehen, mit wie wenig Anzeichen äußerer Gemütsbewegung die Nachrichten von den größten Verbrechen in unserer Geschichte hingenommen wurden.

Genau betrachtet sind es also drei Reaktionsformen mit denen die Einsicht in die überwältigende Schuldlast ferngehalten wird. Zunächst ist es eine auffallende Gefühlsstarre, mit der auf die Leichenberge in den Konzentrationslagern, das Verschwinden der deutschen Heere in Gefangenschaft, die Nachrichten über den millionenfachen Mord an Juden, Polen, Russen, über den Mord an den politischen Gegnern aus den eigenen Reihen geantwortet wurde. Die Starre zeigt die emotionelle Abwendung an; die Vergangenheit wird im Sinne eines Rückzugs alles lust- oder unlustvollen Beteiligtseins an ihr entwirklicht, sie versinkt traumartig. Diese quasi-stoische Haltung, dieser schlagartig einsetzende Mechanismus der Derealisierung des soeben noch wirklich gewesenen Dritten Reiches, ermöglicht es dann auch im zweiten Schritt, sich ohne Anzeichen gekränkten Stolzes leicht mit den Siegern zu identifizieren. Solcher Identitätswechsel hilft mit, die Gefühle des Betroffenseins abzuwenden, und bereitet auch die dritte Phase, das manische Ungeschehenmachen, die gewaltigen kollektiven Anstrengungen des Wiederaufbaus, vor. (...)

Wo Schuld entstanden ist, erwarten wir Reue und das Bedürfnis der Wiedergutmachung. Wo Verlust erlitten wurde, ist Trauer, wo das Ideal verletzt, das Gesicht verloren wurde, ist Scham die natürliche Konsequenz. Die Verleugnungsarbeit erstreckt sich gleichermaßen auf die Anlässe für Schuld, Trauer und Scham. Einer der ökonomischen Vorteile dieses globalen Rückzuges aus der eigenen Vergangenheit war, dass man sich entsprechend in mehreren Richtungen ungebrochen der Gegenwart und ihren Aufgaben hinzugeben vermochte. Man hielt das für besser als „fruchtloses Wühlen in der Vergangenheit". Wenn überhaupt Erinnerung, dann als Aufrechnung der eigenen gegen die Schuld der anderen. Manche Gräuel seien unvermeidbar gewesen, weil die Gräuel der Gegner das Gesetz des Handelns vorgeschrieben haben. Schließlich löst sich eine besondere Schuld auf dem eigenen Konto vollends auf.

In der Pyramide der Verantwortung stellt sich das dann so dar, dass der „Führer" durch den politischen Druck von außen zu seinen Entscheidungen gezwungen war. Das löste eine Befehlskette aus, der sich niemand zu entziehen vermochte; allenthalben herrschte – so vernimmt man es in retrospektiver Selbstrechtfertigung – ein alles entschuldender Befehlsnotstand. Bei diesen Versuchen, Schuld abzuschütteln, wird bemerkenswert wenig der Opfer gedacht – gleichgültig, ob es sich um die eigenen oder um die der Gegenseite handelt.

(1967)

4 Theodor W. Adorno: Aufarbeitung der Vergangenheit

Die Frage „Was bedeutet: Aufarbeitung der Vergangenheit" muß erläutert werden. Sie geht von einer Formulierung aus, die sich während der letzten Jahre als Schlagwort höchst verdächtig gemacht hat. Mit Aufarbeitung der Vergangenheit ist in jenem Sprachgebrauch nicht gemeint, daß man das Vergangene im Ernst verarbeite, seinen Bann breche durch helles Bewußtsein. Sondern man will einen Schlußstrich darunter ziehen und womöglich es selbst aus der Erinnerung wegwischen. Der Gestus, es solle alles vergessen und vergeben sein, der demjenigen anstünde, dem Unrecht widerfuhr, wird von den Parteigängern derer praktiziert, die es begingen. In einer wissenschaftlichen Kontroverse schrieb ich einmal: Im Hause des Henkers soll man nicht vom Strick reden; sonst hat man Ressentiment. Aber daß die Tendenz der unbewußten und gar nicht so unbewussten Abwehr von Schuld mit dem Gedanken der Aufarbeitung des Vergangenen so widersinnig sich verbindet, ist Anlaß genug für Überlegungen, die sich auf einen Bereich beziehen, von dem heute noch Grauen ausgeht.

Man will von der Vergangenheit loskommen: mit Recht, weil unter ihrem Schatten gar nicht sich leben läßt, und weil des Schreckens kein Ende ist, wenn immer nur wieder Schuld und Gewalt mit Schuld und Gewalt bezahlt werden soll; mit Unrecht, weil die Vergangenheit, der man entrinnen möchte, noch höchst lebendig ist. Der Nationalsozialismus lebt nach, und bis heute wissen wir nicht, ob bloß als Gespenst dessen, was so monströs war, daß es am eigenen Tode noch nicht starb, oder ob es gar nicht erst zum Tode kam; ob die Bereitschaft zum Unsäglichen fortwest in den Menschen wie in den Verhältnissen, die sie umklammern. [...]

Daß die Vergangenheit in Deutschland keineswegs bloß im Kreis der so genannten Unverbesserlichen, wenn es denn so sein soll, noch nicht bewältigt ward, ist unbestritten. Es wird da immer wieder auf den sogenannten Schuldkomplex verwiesen, oft mit der Assoziation, dieser sei durch die Konstruktion einer deutschen Kollektivschuld eigentlich erst geschaffen worden. Unbestreitbar gibt es im Verhältnis zur Vergangenheit viel Neurotisches: Gesten der Verteidigung dort, wo man nicht angegriffen ist; heftige Affekte an Stellen, die sie real kaum rechtfertigen; Mangel an Affekt gegenüber dem Ernstesten; nicht selten auch einfach Verdrängung des Gewußten oder halb Gewußten. So sind wir im Gruppenexperiment des Instituts für Sozialforschung häufig darauf gestoßen, daß bei Erinnerungen an Deportation und Massenmord mildernde Ausdrücke, euphemistische Umschreibungen gewählt werden oder ein Hohlraum der Rede sich darum bildet; die allgemein eingebürgerte, fast gutmütige Wendung „Kristallnacht" für das Pogrom vom November 1938 belegt diese Neigung. Sehr groß ist die Zahl derer, die von den Geschehnissen damals nichts gewußt haben wollen, obwohl überall Juden verschwanden, und obwohl kaum anzunehmen ist, daß die, welche erlebten, was im Osten geschah, stets über das geschwiegen haben sollen, was ihnen unerträgliche Last gewesen sein muß; man darf wohl unterstellen, daß zwischen dem Gestus des Von-allem-nichts-gewusst-Habens und zumindest stumpfer und ängstlicher Gleichgültigkeit eine Proportion besteht. Jedenfalls haben die dezidierten Feinde des Nationalsozialismus frühzeitig sehr genau Bescheid gewußt. Wir alle kennen auch die Bereitschaft, heute das Geschehene zu leugnen oder zu verkleinern – so schwer es fällt, zu begreifen, daß Menschen sich nicht des Arguments schämen, es seien doch höchstens nur fünf Millionen Juden und nicht sechs vergast worden. Irrational ist weiter die verbreitete Aufrechnung der Schuld, als ob Dresden Auschwitz abgegolten hätte. In der Aufstellung solcher Kalküle, der Eile, durch Gegenvorwürfe von der Selbstbesinnung sich zu dispensieren, liegt vorweg etwas Unmenschliches, und Kampfhandlungen im Krieg, deren Modell überdies Coventry und Rotterdam hieß, sind kaum vergleichbar mit der administrativen Ermordung von Millionen unschuldiger Menschen. Auch diese Unschuld, das Allereinfachste und Plausibelste, wird abgestritten. Das Unmaß des Verübten schlägt diesem noch zur Rechtfertigung an: so etwas, tröstet sich das schlaffe Bewusstsein, könne doch nicht geschehen sein, wenn die Opfer nicht irgendwelche Veranlassung gegeben hätten, und dies vage „irgendwelche" mag dann nach Belieben fortwuchern. Verblendung setzt sich hinweg über das schreiende Missverhältnis zwischen höchst fiktiver Schuld und höchst realer Strafe. Zuweilen werden die Sieger zu Urhebern dessen gemacht, was die Besiegten taten, als sie selber noch obenauf waren, und für die Untaten des Hitler sollen

diejenigen verantwortlich sein, die duldeten, daß er die Macht ergriff, und nicht jene, die ihm zujubelten. Die Idiotie alles dessen ist wirklich Zeichen eines psychisch Nichtbewältigten, einer Wunde, obwohl der Gedanke an Wunden eher den Opfern gelten sollte.
Bei alldem jedoch hat die Rede vom Schuldkomplex etwas Unwahrhaftiges. In der Psychiatrie, der sie entlehnt ist und deren Assoziationen sie mitschleift, besagt sie, daß das Gefühl der Schuld krankhaft sei, der Realität unangemessen, psychogen, wie die Analytiker es nennen. Mit Hilfe des Wortes Komplex wird der Anschein erweckt, daß die Schuld, deren Gefühl so viele abwehren, abreagieren und durch Rationalisierungen der törichtesten Art verbiegen, gar keine Schuld wäre, sondern bloß in ihnen, ihrer seelischen Beschaffenheit bestünde: Die furchtbar reale Vergangenheit wird verharmlost zur bloßen Einbildung jener, die sich davon betroffen fühlen. Oder sollte gar Schuld selber überhaupt nur ein Komplex, sollte es krankhaft sein, mit Vergangenem sich zu belasten, während der gesunde und realistische Mensch in der Gegenwart und ihren praktischen Zwecken aufgeht? Das zöge die Moral aus jenem „Und ist so gut, als wär' es nicht gewesen", das von Goethe stammt, aber, an entscheidender Stelle des Faust, vom Teufel gesprochen wird, um dessen innerstes Prinzip zu enthüllen, die Zerstörung von Erinnerung. Die Ermordeten sollen noch um das einzige betrogen werden, was unsere Ohnmacht ihnen schenken kann, das Gedächtnis. [...]
Die Tilgung der Erinnerung ist eher eine Leistung des allzu wachen Bewusstseins als dessen Schwäche gegenüber der Übermacht unbewußter Prozesse. Im Vergessen des kaum Vergangenen klingt die Wut mit, daß man, was alle wissen, sich selbst ausreden muß, ehe man es den anderen ausreden kann.
Sicherlich sind die angezogenen Regungen und Verhaltensweisen insofern nicht unmittelbar rational, als sie die Tatsachen verzerren, auf die sie sich beziehen. Rational aber sind sie in dem Sinn, daß sie sich an gesellschaftliche Tendenzen anlehnen und daß, wer so reagiert, sich einig weiß mit dem Zeitgeist. Ein solches Reagieren kommt unmittelbar dem Fortkommen entgegen. Wer sich keine unnützen Gedanken macht, streut keinen Sand ins Getriebe.

(1960)

5 Aus einem alten Lesebuch: Vater erzählt vom Kriege

Am Sonntag ist der Vater zu Hause. Schon am frühen Morgen fragt Hans: „Vater, erzählst du heute Kriegsgeschichten?"
Endlich ist die Schummerstunde gekommen. Vater erzählt:
„Einmal musste ich mit zwei Kameraden in ein Dorf gehen. Wir sollten sehen, ob da noch Feinde wären. Das ganze Dorf war voll von Feinden. Sie sahen uns an. Wir liefen zurück. Sie schossen hinter uns her. Sie verfolgten uns. Da kamen wir an einen Bach. Wir hinein. Das Wasser war eiskalt. Wir duckten uns und gingen lange in dem kalten Wasser weiter. Da konnten uns die Feinde nicht sehen. So kamen wir wieder heil an die deutsche Stellung und überbrachten die Meldung.
Aber einer fehlte. Eine Kugel hatte ihn getroffen. Er ist draußen begraben, wie so viele, viele andere Kameraden."

Ich hatt' einen Kameraden,
einen bessern find'st du nit.
Die Trommel schlug zum Streite,
er ging an meiner Seite
in gleichem Schritt und Tritt.

(1942)

Ernst Jandl

vater komm erzähl vom krieg
vater komm erzähl wiest eingrückt bist
vater komm erzähl wiest gschossen hast
vater komm erzähl wiest verwundt wordn bist
vater komm erzähl wiest gfallen bist
vater komm erzähl vom krieg

V Die Gruppe 47

1 Die Zeitung „Der Ruf"

UNABHÄNGIGE BLÄTTER DER RUF DER JUNGEN GENERATION

NR. 1 - 1. JAHRG. PREIS 90 PF. MÜNCHEN, 15. AUGUST 1946

Das junge Europa formt sein Gesicht

Eine Stimme im Westen, ebenfalls zwischen den Fronten, ebenfalls von Anfang an gefährdet: „Unabhängige Blätter der jungen Generation" unter dem Titel „Der Ruf" herausgegeben von Alfred Andersch und Hans Werner Richter. Die Fortsetzung einer Lagerzeitschrift deutscher Soldaten in amerikanischer Kriegsgefangenschaft. Den Militärbehörden missfällt das.
Wenn man sich vergegenwärtigt, dass „Der Ruf" die Kriegsteilnehmer, die Enttäuschten, die um ihre Jugend Betrogenen ansprechen will; wenn man sich vor Augen hält, dass z. B. der „Ruf"-Mitarbeiter Walter M. Guggenheimer in gaullistischer Uniform bei der Schlacht von Monte Cassino Hans Werner Richter gegenübergelegen hatte – dann ist verständlich, dass in diesem Kreis die These von einer Kollektivschuld der Deutschen keinen Anklang findet. Die Amerikaner werden die Zeitschrift schon 1947 verbieten.

2 Heinz Ludwig Arnold: Die Anfänge der Gruppe 47

Tatsächlich trafen sich dann im Hause von Ilse Schneider-Lengyel am Bannwaldsee in der Nähe von Füssen am 6. und 7. September 1947 sechzehn Personen: Hans Werner und Toni Richter, Heinz und Maria Friedrich, Walter und Isolde Kolbenhoff, Walter Maria Guggenheimer, Wolfgang Bächler, Wolfdietrich Schnurre, Heinz Ulrich, Nicolaus Sombart, Friedrich Minssen, Freia von Wühlisch, Franz Wischnewski, ein Herr Holtmann (Mitarbeiter des Pallas-Verlags) und die Gastgeberin.
Walter Kolbenhoff erzählte später: *Wir hatten einen Freundeskreis schon vorher: Richter, Andersch, Schnurre und verschiedene andere. Und wir trafen uns gelegentlich, bis Richter auf die Idee kam – es war, nachdem der Ruf verboten war und der Skorpion noch gar nicht erschienen war –, dass wir einfach zusammenkommen sollten und uns zusammensetzen und diskutieren über unsere Artikel, die wir geschrieben hatten für den Skorpion, und vielleicht auch kritisieren.*
Im Bannwaldsee angekommen, sahen wir das Haus, in dem wir alle schlafen sollten: ein einsam am See gelegenes kleines Haus. Wie wir die Nacht verbracht haben, weiß ich nicht, die meisten schliefen auf dem Boden, Richter als Häuptling natürlich kriegte ein Bett, aber wir schliefen auf'm Boden.
Und Hans Werner Richter war von da an, wie selbstverständlich, ihr *Häuptling*.
Unter anderen lasen Wolfgang Bächler und Ilse Schneider-Lengyel Gedichte, die später veröffentlicht wurden.
Wolfdietrich Schnurre las die Erzählung „Das Begräbnis," die neben dem Eich-Gedicht „Inventur" als Muster einer neuen literarischen Sprechweise und als charakteristisch galt für jene „Kahlschlag"-Literatur der Nachkriegsjahre, mit der die jungen Schriftsteller ihrer ernüchterten Zeit nahe kommen wollten: für ein realistisches Schreiben, das gegen das verlogene Pathos der Nazizeit und gegen die in ihr entwickelte Sklavensprache ebenso wie gegen die „poésie pure" eine klare und der wahrgenommenen Wirklichkeit nahe Literatur stellen wollte.
Die Erzählung wurde zum Paradestück des frühen Gruppe-47-Literaturprogramms, das so freilich nie formuliert wurde. Vor allem

Lesung der Gruppe 47 in Marktbreit, 1957.

Schnurre machte die Kurzgeschichte zum Medium seiner aufklärerischen Absicht; satirisch und zuweilen mit makabrer Intensität fixierte er die Stimmungen der Nachkriegszeit, minutiös und im Detail, um Sprache nach und nach, bruchstückhaft, wie ein Mosaik wiederherzustellen. [...]

Was nun macht das Besondere an diesen Anfängen der Gruppe 47, die ja damals noch nicht so hieß, aus – jenes Besondere, das dann über Jahre hinweg die Tagungen der Gruppe 47 prägte? Richter hat die Atmosphäre der Sitzung am Bannwaldsee beschrieben: *So hocken wir im Kreis herum auf dem Fußboden in Ilse Schneider-Lengyels Wohnstube, manche mehr liegend als sitzend, hören zu, angestrengt, konzentriert, nur selten geben wir unserer Zustimmung oder unserem Missfallen durch Kopfnicken, Lachen oder irgendwelche Gesten Ausdruck. Es gibt keine Zwischenrufe, keine Zwischenbemerkungen. Neben mir auf dem Stuhl nimmt der jeweils Vorlesende Platz. Es ist selbstverständlich, hat sich so ergeben. Nach der ersten Lesung – es ist Wolfdietrich Schnurre – sage ich: „Ja, bitte zur Kritik. Was habt ihr dazu zu sagen?“. Und nun beginnt etwas, was keiner in dieser Form erwartet hatte: Der Ton der kritischen Äußerungen ist rau, die Sätze kurz, knapp, un-*

missverständlich. Niemand nimmt ein Blatt vor den Mund. Jedes vorgelesene Wort wird gewogen, ob es noch verwendbar ist, oder vielleicht veraltet, verbraucht in den Jahren der Diktatur, der Zeit der großen Sprachabnutzung. Jeder Satz wird, wie man sagt, abgeklopft. Jeder unnötige Schnörkel wird gerügt. Verworfen werden die großen Worte, die nichts besagen und nach Ansicht der Kritisierenden ihren Inhalt verloren haben: Herz, Schmerz, Lust, Leid. Was Bestand hat vor den Ohren der Teilnehmer, sind die knappen Aussagesätze. Gertrude Stein und Ernest Hemingway sind gleichsam unbemerkt im Raum. Der Dialog, der Sprechstil dominiert. „Ja", sagt er oder auch „Nein", und das „Nein" und „Ja" hat Bestand, aber schon die nächste Wortzusammensetzung, „Ja, du Gute", wird hohnlachend verworfen. Wer sagt schon noch „du Gute", und wenn er es sagt, kann er es noch lange nicht schreiben, es sei denn ironisch, aber die Ironie ist abwesend in dieser ersten Zeit des Neubeginns.

Es ist jene kollegiale handwerkliche Kritik am Manuskript, die im Rückblick von einigen Gruppenmitgliedern als typisch für „die ‚eigentliche', naturwüchsige Geschichte der Gruppe 47 bezeichnet" wurde, weil damals der Charakter der Gruppentagungen noch „der Ursprungsintention als intimitätsgeschützter literarischer Werkstatt freundschaftlich verbundener Schriftsteller wirklich entsprochen habe".

Und noch einmal der Zeitzeuge in eigener Sache, Hans Werner Richter: *Was bei allen ebenfalls unbemerkt zum Ausdruck kommt, ist die nur auf die Aussage zielende Sprache der „Landser", die Reduzierung der Sprache auf das Notwendige, eine Abkehr vom Leerlauf der schönen Worte und eine Hinwendung zu ihrem unmittelbaren Realitätsbezug. Sie haben es alle gelernt in der Masse des Volkes, in der sie gelebt haben, jahrelang, tagaus, tagein, in den Kompanien, in den Kasernen, in den Lagern und Gefangenenlagern. Sie haben in dieser Zeit immer am Rande der menschlichen Existenz gelebt. Das hat sie misstrauisch und hellhörig gemacht.* […]

Es blieb alles zwanglos und beweglich. Man fand schnell zueinander. Fast alle hatten im „Ruf" geschrieben. Das war ein Ausgangspunkt. Man war sich darüber klar, dass diese neue Zeit anders lebt und erlebt und deshalb anders schreiben muss, dass eine

Umwertung einsetzen muss, um ohne Ressentiment dem Leben gerecht zu werden.

Vom Krieg und der Kriegsgefangenschaft geprägte Leute, also Männer allermeist, deren *Landser*-Spache nur auf die Aussage zielte und auf das Notwendige reduziert war – teilten miteinander das Gefühl, einer Schicksalsgemeinschaft anzugehören. „Die Landsererfahrung ist der Fonds, aus dem sich die Gemeinschaft des Lebensgefühls und der Grundorientierung, schließlich die Poesie nach 1945 speist. [...] Die Authentizität des erlebten Kriegsschreckens wurde nicht nur das einende Band fürs Selbstverständnis, sondern bildete die Brücke, über die eine Reihe von Autoren, die ansonsten einen anders gearteten Lebensweg hinter sich hatten, in die frühe Gruppe 47 gelangen konnten. Ohne das ‚Landserschicksal' wäre etwa ein Schriftsteller wie Günter Eich nicht so ohne Weiteres in die Gruppe 47 integriert worden." Denn Eich hatte als Einziger unter den Gruppenmitgliedern der ersten Stunde bereits eine literarische Biografie – was freilich, da sie im „Dritten Reich" erworben wurde, nicht unproblematisch war. Doch die meisten, so Hans Werner Richter, waren literarische Anfänger und „Neulinge in der Kunst des Schreibens", und für das Lebensgefühl der Gruppe wirkte ihre „Selbstverortung als Junge Generation auf den engeren Bereich der literarischen Biografie" einend.

Es waren dieses gemeinsame Lebensgefühl und der Wunsch, gemeinsam eine Zukunft mitzugestalten, die noch, oder wieder, offen war, an der jedenfalls zu arbeiten war – die Vision einer Tabula rasa, des „Nullpunktes", auch wenn sich der als Illusion erweisen sollte –, welche diese Gruppe junger Intellektueller von doch ziemlich unterschiedlichem Temperament und keineswegs konformen literarischen Vorstellungen beisammenhielten. [...]

(2004)

3 Walter Hinck: Diese Rasselbande

Liest man heute Namen von Autoren aus der Frühzeit der „Gruppe 47“, die sich als realistische Erzähler verstanden, so ist man erstaunt über das Ausmaß ihres Vergessenseins. Nicht einmal die dickleibigste Literaturgeschichte der Nachkriegszeit verzeichnet ihre Namen. Aber darf man die Verschollenen zum Maßstab nehmen? Das zu überprüfen bietet Heinz Ludwig Arnolds Taschenbuch in der Reihe „rowohlts monographien“ neue Gelegenheit. Sammelbände und Einzeluntersuchungen zur „Gruppe 47“ gibt es genug. [...] Was Arnold erzählt, ist die Geschichte vom Aufstieg, Triumph und Fall eines den Tagungsstandort jährlich (manchmal auch halbjährlich) wechselnden Autorenensembles mit einem Stamm- und einem wachsenden Debütantenpersonal. Sein Leiter verstand es, der Literatur eine Bühne zu schaffen, war aber selbst ein mittelmäßiger Schriftsteller. Aus der Not und der Orientierungssuche der Nachkriegsjahre geboren und zunächst ein Bund von Freunden und Ähnlich Gesinnten, entwickelte sich die „Gruppe 47“ zum Sammelpunkt von Schriftstellern der durch Krieg und Gefangenschaft gezeichneten Generation, schwoll an und zog bald einen Tross von Verlegern, Lektoren und Journalisten hinter sich her. So entstand eine Literaturbörse. Über die Einladungen entschied allein der theorie- und programmfeindliche Moderator Hans Werner Richter. Die Aufblähung der Gruppe, die zunehmenden Generationsunterschiede und die wachsende Rolle der hauptamtlichen Literaturkritiker beschworen Polarisierungen herauf. Richter fürchtete den Zerfall; er schrieb im Herbst 1961 an Marcel Reich-Ranicki: „Zwei Dinge sollten abgebaut werden: das Massenmeeting und die Fachkritik. Wir wollen wieder zurück zur Autorenkritik [...] Der Wunsch nach einer Rückentwicklung besteht fast allgemein.“ Aber dieser Wunsch nach Rückkehr zur früheren „Autorenwerkstatt“ konnte kein wirkliches retardierendes Moment mehr sein, hätte auch die Überalterung der Gruppe sichtbarer gemacht. Der Absturz war unaufhaltsam; bekanntlich raubte Peter Handke 1966 in Princeton der Gruppe mit seinem Vorwurf der „Beschreibungsimpotenz“ ihre literarische Autorität. Der Todesstoß folgte 1967 in der Pulvermühle, als eine linke Erlanger Studentengruppe das Hohnwort „Papiertiger“ skandierte. [...]

So erzählt Arnold die Geschichte der Gruppe wie ein Drama, dessen Held an sich verschärfenden inneren Widersprüchen scheitert. Aber es gab auch Konflikte mit einer literarischen Außen- und Gegenwelt. Keinen Talisman legte Richter der Gruppe in die Wiege mit seinem Vorbehalt gegen zurückkehrende Emigranten. Walter Mehring reiste nach seiner Lesung wütend ab, Hermann Kesten erschien zwar zweimal, ging aber bald auf polemische Distanz. Zwei Äußerungen belegen, wie sich das gespannte Verhältnis zwischen Gruppen- und Exilautoren zuspitzte. Richter bevorzugte „die auf die Aussage zielende Sprache der ‚Landser', die Reduzierung der Sprache auf das Notwendige". Thomas Mann schrieb 1954: „Ich kenne die Unverschämtheit der so genannten jungen Generation [...] Sie hängt wohl auch mit der lächerlichen Wirtschaftsblüte der amerikanischen Lieblingskolonie ‚Westdeutschland' zusammen". Lobredner des Wirtschaftswunders waren die Autoren der Gruppe nun gerade nicht. Aber mit ihrem eine Monopolstellung klug nutzenden Selbstbewusstsein mag die Gruppe den auf Eigenprofil bedachten Großbürger und weltbekannten Schriftsteller wohl zu Urteilen gereizt haben wie: „diese Rasselbande". Die Monopolstellung übrigens war kaum berechtigt, wenn man bedenkt, wie viele namhafte Autoren nicht willkommen waren oder absagten: Namen wie Frisch und Dürrenmatt, Koeppen und Arno Schmidt mögen hier genügen. Die „Gruppe 47" profitierte, auch in ihrer Kritik am Staat, von den demokratischen Freiheiten der Bundesrepublik, Österreichs und der Schweiz und von der wirtschaftlichen Gunst der Stunde. Und bedürfe die „Gruppe 47" noch irgendeiner Rechtfertigung – mit Heinrich Böll und Günter Grass sind zwei Nobelpreisträger der Literatur aus ihr hervorgegangen. Aber auch ohne den höchsten Lorbeer kann sich die Reihe ihrer Preisträger – beispielsweise von Günter Eich über Ilse Aichinger und Ingeborg Bachmann, Martin Walser und Johannes Bobrowski zu Jürgen Becker – durchaus sehen lassen.

(2005)

VI Schriftsteller und ihre Positionen

1 Gottfried Benn: Probleme der Lyrik

Meine Damen und Herren,
wenn Sie am Sonntagmorgen Ihre Zeitung aufschlagen, und manchmal sogar auch mitten in der Woche, finden Sie in einer Beilage meistens rechts oben oder links unten etwas, das durch gesperrten Druck und besondere Umrahmung auffällt, es ist ein Gedicht. Es ist meistens kein langes Gedicht, und sein Thema nimmt die Frage der Jahreszeit auf, im Herbst werden die Novembernebel in die Verse verwoben, im Frühling die Krokusse als Bringer des Lichts begrüßt, im Sommer die mohndurchschossene Wiese im Nacken besungen, zur Zeit der kirchlichen Feste werden Motive des Ritus und der Legenden in Reime gebracht – kurz, bei der Regelmäßigkeit, mit der sich dieser Vorgang abspielt, jahraus, jahrein, wöchentlich erwartbar und pünktlich, muss man annehmen, dass zu jeder Zeit eine ganze Reihe von Menschen in unserem Vaterland dasitzen und Gedichte machen, die sie an die Zeitungen schicken, und die Zeitungen scheinen überzeugt zu sein, dass das Lesepublikum diese Gedichte wünscht, sonst würden die Blätter den Raum anders verwenden. Die Namen dieser Gedichthersteller sind meistens keine sehr bekannten Namen, sie verschwinden dann wieder aus den Feuilletons, und es wird so sein, wie mir Professor Ernst Robert Curtius, mit dem ich in freundschaftlichem Briefwechsel stehe, schrieb, als ich ihm einen seiner Studenten als recht begabt empfahl. Er schrieb: „Ach, diese jungen Leute, sie sind wie die Vögel, im Frühling singen sie, und im Sommer sind sie dann schon wieder still." Mit diesen Gedichten der Gelegenheit und der Jahreszeiten wollen wir uns nicht befassen, obschon es durchaus möglich ist, dass sich gelegentlich ein hübsches Poem darunter befindet. Aber ich gehe hiervon aus, weil dieser Vorgang einen kollektiven Hintergrund hat, die Öffentlichkeit lebt nämlich vielfach der Meinung: Da ist eine Heidelandschaft oder ein Sonnenuntergang, und da steht ein junger Mann oder ein Fräulein, hat eine melancholische Stimmung, und nun entsteht ein Gedicht. Nein, so entsteht kein Gedicht. Ein Gedicht

entsteht überhaupt sehr selten – ein Gedicht wird gemacht. Wenn Sie vom Gereimten das Stimmungsmäßige abziehen, was dann übrig bleibt, wenn dann noch etwas übrig bleibt, das ist dann vielleicht ein Gedicht.

Vor allem aber hat es mir die Frage: An wen ist ein Gedicht gerichtet, angetan – es ist tatsächlich ein Krisenpunkt, und es ist eine bemerkenswerte Antwort, die ein gewisser Richard Wilbur darauf gibt: Ein Gedicht, sagt er, ist an die Muse gerichtet, und diese ist unter anderem dazu da, die Tatsache zu verschleiern, dass Gedichte an niemanden gerichtet sind. Man sieht daraus, dass auch drüben der monologische Charakter der Lyrik empfunden wird, sie ist in der Tat eine anachoretische Kunst. Aber ich möchte Ihnen nichts vortragen, was Sie auch aus Büchern lesen können, ich möchte Ihnen etwas Handgreifliches bieten auch auf die Gefahr hin, das Banale zu streifen, statt das Grundsätzliche zu erörtern – denn Sie wissen ja, der geht zugrunde, der immer zu den Gründen geht, und Sie lernten von Flaubert, dass es in der Kunst nichts Äußeres gibt. Ich stelle mir vor, Sie richteten jetzt an mich die Frage, was ist eigentlich ein modernes Gedicht, wie sieht es aus, und darauf antworten werde ich mit negativen Ausführungen, nämlich, wie sieht ein modernes Gedicht *nicht* aus.

Ich nenne Ihnen vier diagnostische Symptome, mit deren Hilfe Sie selber in Zukunft unterscheiden können, ob ein Gedicht von 1950 identisch mit der Zeit ist oder nicht. Meine Beispiele nehme ich aus bekannten Anthologien. Diese vier Symptome sind:
erstens das Andichten. Beispiel: Überschrift „Das Stoppelfeld".

Erster Vers: „Ein kahles Feld vor meinem Fenster liegt
jüngst haben sich dort schwere Weizenähren
im Sommerwinde hin- und hergewiegt
vom Ausfall heute sich die Spatzen nähren."

So geht es drei Strophen weiter, dann in der vierten und letzten kommt die Wendung zum Ich, sie beginnt:

„Schwebt mir nicht hier mein eigenes Leben vor"

und so weiter.

Wir haben also zwei Objekte. Erstens die unbelebte Natur, die angedichtet wird, und am Schluss die Wendung zum Autor, der jetzt innerlich wird oder es zu werden glaubt. Also ein Gedicht mit Trennung und Gegenüberstellung von angedichtetem Gegenstand und dichtendem Ich, von äußerer Staffage und innerem Bezug. Das, sage ich, ist für heute eine primitive Art, seine lyrische Substanz zu dokumentieren. Selbst wenn sich der Autor dem von Marinetti geprägten Satz: détruire le Je dans la littérature (das Ich in der Literatur zerstören) nicht anschließen will, er wirkt mit dieser Methode heute veraltet. Ich will allerdings gleich hinzufügen, dass es herrliche deutsche Gedichte gibt, die nach diesem Modell gearbeitet sind, zum Beispiel Eichendorffs „Mondnacht", aber das ist über hundert Jahre her.
Das *zweite Symptom* ist das WIE. Bitte beachten Sie, wie oft in einem Gedicht „wie" vorkommt. Wie oder wie wenn oder es ist, als ob, das sind Hilfskonstruktionen, meistens Leerlauf. Mein Lied rollt wie Sonnengold – Die Sonne liegt auf dem Kupferdach wie Bronzegeschmeid – Mein Lied zittert wie gebändigte Flut – Wie eine Blume in stiller Nacht – Bleich wie Seide – Die Liebe blüht wie eine Lilie –. Dies Wie ist immer ein Bruch in der Vision, es holt heran, es vergleicht, es ist keine primäre Setzung. Aber auch hier muss ich einfügen, es gibt großartige Gedichte mit WIE. [...]
Rilke konnte das, aber als Grundsatz können Sie sich daran halten, dass ein WIE immer ein Einbruch des Erzählerischen, Feuilletonischen in die Lyrik ist, ein Nachlass der sprachlichen Spannung, eine Schwäche der schöpferischen Transformation. Das *dritte* ist harmloser. Beachten Sie, wie oft in den Versen Farben vorkommen. Rot, purpurn, opalen, silbern mit der Abwandlung silberlich, braun, grün, orangefarben, grau, golden – hiermit glaubt der Autor vermutlich besonders üppig und fantasievoll zu wirken, übersieht aber, dass diese Farben ja reine Wortklischees sind, die besser beim Optiker und Augenarzt ihr Unterkommen finden. In Bezug auf eine Farbe allerdings muss ich mich an die Brust schlagen, es ist: Blau – ich komme darauf zurück.
Das *vierte* ist der seraphische Ton. Wenn es gleich losgeht oder schnell anlangt bei Brunnenrauschen und Harfen und schöner Nacht und Stille und Ketten ohne Anbeginn, Kugelründung, Vollbringen, siegt sich zum Stern, Neugottesgründung und ähnlichen

Allgefühlen, ist das meistens eine billige Spekulation auf die Sentimentalität und Weichlichkeit des Lesers. Dieser seraphische Ton ist keine Überwindung des Irdischen, sondern eine Flucht vor dem Irdischen. Der große Dichter aber ist ein großer Realist, sehr nahe allen Wirklichkeiten – er belädt sich mit Wirklichkeiten, er ist sehr irdisch, eine Zikade, nach der Sage aus der Erde geboren, das athenische Insekt. Er wird das Esoterische und Seraphische ungeheuer vorsichtig auf harte realistische Unterlagen verteilen. – Und dann achten Sie bitte auf das Wort: „steilen" – da will einer hoch und kommt nicht 'rauf.

Wenn Sie also in Zukunft auf ein Gedicht stoßen, nehmen Sie bitte einen Bleistift wie beim Kreuzworträtsel und beobachten Sie: Andichten, WIE, Farbenskala, seraphischer Ton, und Sie werden schnell zu einem eigenen Urteil gelangen.

(1951)

2 Bertolt Brecht: Lyrik ist niemals bloßer Ausdruck

Ein paar Thesen:

1 Ein Kriterium für ein Kunstwerk kann sein, ob es noch die Erlebnismöglichkeiten irgend eines Individuums bereichern kann. (Unter Umständen: eines Indivduums, das, wenn voraus, von der Masse eingeholt werden kann, bei der vorauszusehenden Wegrichtung.)

2 Ausdrucksmöglichkeiten können bereichert werden, welche nicht eigentlich Erlebnismöglichkeiten sind, sondern eher Kommunikationsmöglichkeiten. (Unter Umständen kann gefragt werden: Wieweit ist das Wie an das Was gebunden und das Was fixiert an gewisse Klassen.)

3 Lyrik ist niemals bloßer Ausdruck. Die lyrische Rezeption ist eine Operation so gut wie etwa das Sehen oder Hören, d. h. viel mehr aktiv. Das Dichten muß als menschliche Tätigkeit angesehen werden, als gesellschaftliche Praxis mit aller Widersprüchlichkeit, Veränderlichkeit, als geschichtsbedingt und geschichtemachend. Der Unterschied liegt zwischen „widerspiegeln“ und „den Spiegel vorhalten“.

(1940)

3 Bertolt Brecht: Wir müssen nicht nur Spiegel sein

„Denken wir immer daran, die Entpersönlichung ist ein Zeichen der Kraft. Wir müssen den Gegenstand in uns aufnehmen, er muß in uns kreisen und wieder aus uns herausgehen, ohne daß man diese wunderbare Verwandlung begreifen kann. Unser Herz darf nur die Herzen der anderen fühlen. Wir müssen Spiegel sein, die die Wahrheit außer uns reflektieren." Flaubert

Wir müssen nicht nur Spiegel sein, welche die Wahrheit außer uns reflektieren. Wenn wir den Gegenstand in uns aufgenommen haben, muß etwas von uns dazukommen, bevor er wieder aus uns herausgeht, nämlich Kritik, gute und schlechte welche der Gegenstand vom Standpunkt der Gesellschaft aus erfahren muß. So daß was aus uns herausgeht durchaus Persönliches enthält, freilich von der zwiespältigen Art, die dadurch entsteht, daß wir uns auf den Standpunkt der Gesellschaft stellten.

(50er Jahre)

4 Günter Eich: Der Schriftsteller vor der Realität

Alle hier vorgebrachten Ansichten setzten voraus, dass wir wissen, was Wirklichkeit ist. Ich muss von mir sagen, dass ich es nicht weiß. Dass wir hierher nach Vézelay gekommen sind, dieser Saal, dieses grüne Tischtuch, dies alles erscheint mir sehr seltsam und wenig wirklich. Wir wissen, dass es Farben gibt, die wir nicht sehen, dass es Töne gibt, die wir nicht hören. Unsere Sinne sind fragwürdig; und ich muss annehmen, dass auch das Gehirn fragwürdig ist.
Nach meiner Vermutung liegt das Unbehagen an der Wirklichkeit in dem, was man Zeit nennt. Dass der Augenblick, wo ich dies sage, sogleich der Vergangenheit angehört, finde ich absurd. Ich bin nicht fähig, die Wirklichkeit so, wie sie sich uns präsentiert, als Wirklichkeit hinzunehmen.
Ich will mich auf der andern Seite nicht als einen Narren hinstellen, der nicht weiß, dass man sich an einem Tisch stößt. Ich bin bereit, mich in diesem Raum einzurichten. Aber ich habe etwa die Schwierigkeiten wie ein taubstummer Blinder.
Nun gut, meine Existenz ist ein Versuch dieser Art, die Wirklichkeit ungesehen zu akzeptieren. Auch das Schreiben ist so möglich. Aber ich versuche, noch etwas zu schreiben, was anderswo hinzielt. Ich meine das Gedicht.
Ich schreibe Gedichte, um mich in der Wirklichkeit zu orientieren. Ich betrachte sie als trigonometrische Punkte oder als Bojen, die in einer unbekannten Fläche den Kurs markieren.
Erst durch das Schreiben erlangen für mich die Dinge Wirklichkeit. Sie ist nicht meine Voraussetzung, sondern mein Ziel. Ich muss sie erst herstellen.
Ich bin Schriftsteller, das ist nicht nur ein Beruf, sondern die Entscheidung, die Welt als Sprache zu sehen. Als die eigentliche Sprache erscheint mir die, in der das Wort und das Ding zusammenfallen. Aus dieser Sprache, die sich rings um uns befindet, zugleich aber nicht vorhanden ist, gilt es zu übersetzen. Wir übersetzen, ohne den Urtext zu haben. Die gelungenste Übersetzung kommt ihm am nächsten und erreicht den höchsten Grad von Wirklichkeit.
Ich muss gestehen, dass ich in diesem Übersetzen noch nicht weit fortgeschritten bin. Ich bin über das Dingwort noch nicht hinaus.

Ich befinde mich in der Lage eines Kindes, das Baum, Mond, Berg sagt und sich so orientiert.

Ich habe deshalb wenig Hoffnung, einen Roman schreiben zu können. Der Roman hat mit dem Zeitwort zu tun, das im Deutschen mit Recht auch Tätigkeitswort heißt. In den Bereich des Zeitwortes aber bin ich nicht vorgedrungen. Allein für das Dingwort brauche ich gewiss noch einige Jahrzehnte.

Für diese trigonometrischen Zeichen sei das Wort „Definition" gebraucht. Solche Definitionen sind nicht nur für den Schreibenden nutzbar. Dass sie aufgestellt werden, ist mir lebensnotwendig. In jeder gelungenen Zeile höre ich den Stock des Blinden klopfen, der anzeigt: Ich bin auf festem Boden.

Ich behaupte nicht, dass die Richtigkeit der Definition von der Länge oder der Kürze der Texte abhinge. Ein Roman von vierhundert Seiten enthält möglicherweise ebenso viel an Definition wie ein Gedicht von vier Versen. Ich bin bereit, diesen Roman zu den Gedichten zu zählen.

Richtigkeit der Definition und Qualität sind mir identisch. Erst wo die Übersetzung sich dem Original annähert, beginnt für mich Sprache. Was davor liegt, mag psychologisch, soziologisch, politisch oder wie immer interessant sein, und ich werde mich gern davon unterhalten lassen, es bewundern und mich daran freuen – notwendig aber ist es mir nicht. Notwendig ist mir allein das Gedicht.

(1956)

5 Ingeborg Bachmann: Wozu Gedichte?

Einem Dramatiker oder Erzähler wird die Frage, welche seiner Arbeiten ihm die liebste sei, nicht viel Unbehagen machen; es wird ihm hoffentlich einfallen, dass die eine oder die andere einigen Menschen Freude bereitet, Einsicht gebracht oder sie unterhalten hat – sei's auch nur ein paar Stunden lang. Ich habe noch nie gehört, dass jemand einem Gedicht einen fruchtbaren Nachmittag oder Abend verdankt.
In einem Gedicht ist also wenig Glück. Für den, der es schreibt, nahezu keins, dass es gelingt, und dann nochmals keins, dass es jemand erreicht. Es ist einsam, hat keine Funktion und kümmert mit Recht niemand. Ein Gedicht verherrlicht heute ja nichts mehr, und auch die Gläubigen haben es längst außer Kraft gesetzt. Ruhm und Glaube fallen auf es selbst zurück.
Man hört heute so oft – profaniert – die Hölderlinsche Frage: Und wozu Dichter in dürftiger Zeit? Eine andere Frage, nicht weniger berechtigt, wäre: Und wozu Gedichte? Was ist zu beweisen, und wem ist etwas zu beweisen? Wenn Gedichte ein Beweis zu nichts sein sollten, müssten wir uns dran halten, dass sie das Gedächtnis schärfen.
Ich glaube, dass Gedichte dies vermögen, und dass, wer Gedichte schreibt, Formeln in ein Gedächtnis legt, wunderbare alte Worte für einen Stein und ein Blatt, verbunden oder gesprengt durch neue Worte, neue Zeichen für Wirklichkeit, und ich glaube, dass wer die Formeln prägt, auch in sie entrückt mit seinem Atem, den er als unverlangten Beweis für die Wahrheit dieser Formeln gibt.
Wie lange ist es her, dass man uns sagte: Bilde ein Wort, bilde einen Satz! Man quälte uns mit Gedichten; die Kerben schmerzen noch im Gedächtnis. Eines dieser Gedichte begann: „Ich stand an meines Landes Grenzen ..." Von welchem Ich war die Rede und von welchem Land? Was die Grenzen bedeuteten, ergab sich freilich aus dem Zusammenhang. Denn wer die Regeln gutheißt und in das Spiel eintritt, wirft den Ball nicht übers Spielfeld hinaus. Das Spielfeld ist die Sprache, und seine Grenzen sind die Grenzen der fraglos geschauten, der enthüllt und genau gedachten, der im Schmerz erfahrenen und im Glück gelobten und gerühmten Welt.
(1960)

6 Peter Rühmkorf: Das lyrische Weltbild der Nachkriegsdeutschen

Ich möchte behaupten, dass die Naturlyrik so lange kraftvoll und so lange ergiebig war, als sie sich bestimmter zeittypischer Zu- und Gegenstände annahm, und dass sie immer tiefer in die öde Irre geriet, je weiter sie sich aus den gesellschaftlichen Bedingtheiten herausstahl. Sehr schöne Beispiele der gelungenen Vermählung von Natur- und Zeitpoesie lieferte jedenfalls Karl Krolow mit einigen Soldatengedichten, deren suggestiver Doppelsinn sich aus der Bedeutungsüberschneidung von „Feld"- und Feldzug herleitet.

> Und sie speien die Hoffnung wie Tabak, im Munde gekaut,
> in den Schlamm vor die Füße und hinken vorbei,
> verziehn die gesprungenen Lippen und gehen ohne Laut
> unter im Schweigen, im knisternden Scharbockskraut,
> im Ohr das Gemurmel der höllischen Wahrsagerei.

In den Jahren zwischen 1948 und 1950 begann die Naturlyrik dann ins Weite und Breite zu wuchern. Anhaltend auf der Flucht vor tragischen Bedrängungen und rück- und rückgetrieben an den Hang, den Knick, zum Rasenstück, zum Beet- und Blumentopf, geriet die Lyrik immer aussichtsloser ins Bescheidene und Beschnittene. Die Poeten nahmen keine Anregungen mehr auf und keine Aufregungen mehr an [...] Weil jener Exodus aus der Zeit, weil diese Flucht vor widerwärtig Gegenwärtigem die lyrischen Naturisten allgemach in die ästhetische Provinz führte, wo sie sich am Ende alle die gleichen bunten Blumen an den Hut steckten. Schließlich glichen sich die Florilegien aufs Haar, der einsame Wanderweg wurde zum Trampelpfad, die Lust an wuchernden Details führte zu Queckenbildung, und auch der Wunsch nach Vielfarbigkeit und persönlicher Differentiation hatte nur wieder jene katalogische Stupidität zur Folge, die eine Unterscheidung vollends unmöglich machte. Als im Jahre 1950 die von Holthusen und Friedhelm Kemp herausgegebene Anthologie „Ergriffenes Dasein" herauskam, war letztlich kein Zweifel mehr, dass die poetische Moderne ins Treibhaus verbannt worden war. Von überallher duftete es auf einen zu; kein deutscher Verseflechter, der nicht durch die Blume sprach, und unter so vielen Outsidern und Sonderlingen kaum einer mit unverwechselbarem Muster und individuellem Bukett. Ein Motto über allen zog sich als grüner Faden von Lehmann über Bergengruen bis hin zu Holthusens Floristen-Evangeliar: Kleine heile Welt. Indes, was sich so selbstgenügsam gegen jeden experimentellen Fehlgriff abgesichert zu haben schien, das scheiterte dann doch an der eigenen Harmlosigkeit. Mehr noch: an der grotesken Entwartung, sich „gegen die aufreibenden Tendenzen des geschichtlichen Prozesses“ mit Vegetarismus behaupten und die „kulturpessimistischen Schwindelanfälle“ im Heublumenland überdauern zu können. Ich meine damit, dass die Utopie aus dem Blumentopf, beziehungsweise die Wunschvorstellung von einer Wiedergeburt des Mythos aus dem Geiste der Kleingärtnerei zwangsläufig in die Lächerlichkeit führen musste, weil das Missverhältnis zwischen den tatsächlichen Depressionen, Ängsten und Schwermutsanwallungen des seine gesellschaftliche Unverbundenheit erlebenden Subjekts und dem mediokren Heilsprogramm den komischen Effekt bereits unfreiwillig antizipiert hatte.

(1962)

7 Helmut Heißenbüttel: Voraussetzungen

1

Es scheint heute etwas in Vergessenheit geraten zu sein, dass Literatur nicht aus Vorstellungen, Bildern, Empfindungen, Meinungen, Thesen, Streitobjekten, „geistigen Gebrauchsgegenständen" usw. besteht, sondern aus Sprache, dass sie es mit nichts anderem als mit Sprache zu tun hat. Und wenn es nicht in Vergessenheit geraten ist, so scheint doch nicht deutlich zu sein, was das bedeutet. Was bedeutet es?

2

Literatur kann ihrem sprachlichen Stoff nach nicht unterschieden werden von dem Gerede, das jedermann tagaus tagein mitmacht und worin das allgemeine Verständigungsmittel der Menschen besteht. Man nennt es Umgangssprache. Und das heißt einmal etwas, womit man umgeht, und einmal etwas, das für sich umgeht. Wenn man will, ist die Umgangssprache die niedrigste Stufe der Sprache, niedrig insofern, als sie weitgehend von praktischen Bedürfnissen, von Zwang, sich möglichst rasch und reibungslos zu verständigen, bestimmt ist. Zum Unterschied davon wäre die Literatur gekennzeichnet durch auswählende und formierende Prinzipien.

3

Dass Literatur aus Sprache besteht, bedeutet aber auch, dass diese Sprache ein Mittel ist, etwas, welches das, was zum Vorschein und zum Bewusstsein kommen will, vermittelt. Dieses Mittel unterscheidet sich von den Mitteln etwa der Malerei und der Musik dadurch, dass es in viel stärkerem Maße vorgeprägt ist als Farben oder Töne. Sprache umfasst einen weiten und vielfach differenzierten Bedeutungsbereich. Zwei Komponenten spielen dabei eine Rolle. Die Wörter und die satzmäßige Verknüpfung der Wörter miteinander. Die Wörter sind dabei nicht zeichenhaft eindeutig, sondern haben gleichsam einen Hof um sich. (Sie sind historisch-etymologisch oder gesellschaftlich oder individuell abwandelbar in ihrer Bedeutung.) Die syntaktische Verknüpfung beruht auf einem Grundmodell, dem von Subjekt–Objekt–Prädikat. Dieses Grundmodell besagt, dass die sprachliche Auseinandersetzung mit der Welt unter der Voraussetzung geschieht, dass es immer etwas gibt, auf das alles sich bezieht, und etwas anderes, das diesem Bezugspunkt gegenübersteht, beides aber in Form von Aktions- und Verhaltensweisen miteinander verbunden ist. Dieses Modell hat sich vielfach differenziert. Ein System von Bei- und Überordnungen reagiert auf die feinsten Anregungen. Kleinste Nuancen werden sichtbar. All das spielt mit, wenn man spricht. All das hat schon immer, wo je der Versuch unternommen wurde, literarisch, das heißt beispielhaft zu reden, gewisse Entscheidungen vorweggenommen. Andererseits ist durch das beispielhafte Reden der Literatur und der Dichtung der allgemeine Sprachbereich immer wieder verändert, abgewandelt und erneuert worden.

4

Wenn die Sprache von sich aus Grundmodell und Schemata für die menschliche Orientierung in der Welt geliefert hat, so ist die Literatur jeweils darüber hinausgegangen und hat immer neue Sondermodelle hergestellt. Sondermodelle, die dem Selbstverständnis des Menschen dienen. Das, was die literarische Sprechweise vor der allgemeinen auszeichnet, besteht im Herausholen dieser besonderen Modelle. Die Prinzipien, nach denen das geschieht, wurden und werden aus den allgemeinen sprachlichen Regeln abgeleitet. Der Sprachbereich wird nach Sonderregeln eingeengt. Diese reichen von der Beschränkung des Wortschatzes und der Vorschrift bestimmter syntaktischer Formen (in Dialog und Drama) bis zu den komplizierten metrischen Verengungen im Gedicht. Der Vorgang prägte sich im Lauf der Zeit so ein, dass die Prinzipien, nach denen er sich vollzog, paradoxerweise für die Sache selbst genommen wurden. Wer bestimmte Regeln (etwa des Sonetts) rein technisch zu erfüllen imstande war, hatte bereits ein Gedicht gemacht. Was nicht der Fall war.

5

Noch etwas kommt dazu. Die Sprache der allgemeinen und praktischen Verständigung kann immer nur eine historisch bedingte sein. Sofern das literarische „Sondermodell" seinen Sinn nur beziehen kann aus der Verbindung zum allgemeinen Sprachbereich, kann es immer nur die jeweils gegenwärtige Situation vertreten. Regeln und Prinzipien der literarischen Absonderung sind historisch. Gleichzeitig geschieht aber alles, was in der Sprache sich niederschlägt, nicht bloß aus einer Veränderung der praktischen Verständigungsbedingungen, sondern es geschieht, weil in der Literatur das zu Bewusstsein gekommen ist, was sich neu abgewandelt und verändert hat. Die Veränderungen der Sprache bedeuten Veränderungen der Weltinterpretation. Die Literatur wächst aus diesem Prozess heraus und treibt ihn gleichzeitig voran. Über wie lange Zeiträume bestimmte Vorstellungen und Regeln sich erhalten konnten, das lag immer wieder daran, wie lange die Verhältnisse eine gleich bleibende Orientierungsmethode erlaubten. Immer wieder auch hat es Rückgriffe gegeben und Versuche, bewährte Methoden zu erneuern. Das scheint heute nur schwer noch möglich. Die sprachlichen Abkürzungsverfahren und der Motivkanon des Romans im 18. und 19. Jahrhundert etwa verfallen bereits der Erstarrung. Wer heute Balzac oder Fontane als Muster nehmen wollte, könnte dies nur, wenn unsere Welt und ihr sprachlicher Ausdruck in wesentlichen Punkten die gleichen wären wie die unserer Großväter und Urgroßväter. Sie sind es gewiss nicht.

(1961)

VII Ein Gedicht entsteht

1 Wolfgang Bächler: Kommentar zu „Die Erde bebt noch“

Die Entstehung kann meiner Erinnerung nach nur wenige Wochen vorher gewesen sein, sagen wir, eben im Frühjahr 1947.
Ausgelöst wurde dieses Gedicht nicht von einem bestimmten Ereignis, Umstand oder Anlass, sondern von vielen Eindrücken und der Grundstimmung jener Zeit: Das noch nicht überwundene Trauma des Krieges und der Nazizeit, Elend, Hunger, Flüchtlings- und Wohnungsnot wurden eher größer als geringer, mit ihnen Schwarzhandel, Stagnation und Resignation. Die Demokratisierung wurde von den Besatzungsmächten gebremst, der kalte Krieg begann, die Hoffnungen auf eine sozialistische Demokratie schwanden. Die bürgerlichen Politiker, die 1933 für Hitlers Ermächtigungsgesetz gestimmt hatten, spielten sich wieder in den Vordergrund, hielten selbstgerechte Reden, darin nur noch übertrumpft von den eindeutig nationalsozialistischen Flüchtlingspolitikern und ihren Forderungen. Die Heimkehrer, die überfüllten Züge, die zerstörten Städte trugen noch das Gesicht des Krieges. Die Spruchkammern „entnazifizierten“ zwar eifrig, aber wie viel Schuldige von Globke bis Oberländer gingen ungeschoren durch die Maschen und wie viel Mörder lebten noch unentdeckt unter uns?
Gewiss war 1945 ein mächtiges Gefühl der Befreiung und Erleichterung da, das sich bei mir zunächst indirekt in Natur- und Liebesgedichten äußerte. Politisch wurde zunächst weiterhin über uns verfügt. Die Weichen wurden von anderen gestellt, und „Der Ruf“, die Zeitschrift, in der wir unsere politischen Meinungen und Wünsche äußerten, wurde von den Amerikanern verboten, bzw. sie setzten andere Herausgeber und Redakteure ein. Aus den alten und ihren freien Mitarbeitern entstand dann die „Gruppe 47“.

(1947)

2 Zur Entstehung von Bertolt Brechts „Die Lösung"

Dieses Gedicht wurde erst nach dem Tod Brechts veröffentlicht. – Gleichzeitig schrieb Brecht an den Generalsekretär der SED Ulbricht: „Die Geschichte wird der revolutionären Ungeduld der Sozialistischen Einheitspartei Deutschlands ihren Respekt zollen. Die große Aussprache mit den Massen über das Tempo des sozialistischen Aufbaus wird zu einer Sichtung und Sicherung der sozialistischen Errungenschaften führen. Es ist mir ein Bedürfnis, Ihnen in diesem Augenblick meine Verbundenheit mit der Sozialistischen Einheitspartei Deutschlands auszusprechen." – Da das „Neue Deutschland" (21. 6. 1953) nur den letzten Satz zitiert hatte, erläuterte Brecht in einem zweiten Text („ND", 23. 6. 1953): „Ich habe am Morgen des 17. Juni, als es klar wurde, daß die Demonstrationen der Arbeiter zu kriegerischen Zwecken missbraucht wurden, meine Verbundenheit mit der Sozialistischen Einheitspartei ausgedrückt. Ich hoffe jetzt, daß die Provokateure isoliert und ihre Verbindungsnetze zerstört werden, die Arbeiter aber, die in berechtigter Unzufriedenheit demonstriert haben, nicht mit den Provokateuren auf eine Stufe gestellt werden, damit nicht die so nötige Aussprache über die allseitig gemachten Fehler von vornherein gestört wird." In einem weiteren Text kam Brecht noch einmal auf den 17. Juni zurück: „Vor dem 17. Juni und in der Volksdemokratie nach dem XX. Parteitag erlebten wir Unzufriedenheit bei vielen Arbeitern und zugleich hauptsächlich bei den Künstlern. Diese Stimmungen kamen aus ein und derselben Quelle. Die Arbeiter drängte man, die Produktion zu steigern, die Künstler, dies schmackhaft zu machen. Man gewährte den Künstlern einen hohen Lebensstandard und versprach ihn den Arbeitern. Die Produktion der Künstler wie die der Arbeiter hatte den Charakter eines Mittels zum Zweck und wurde in sich selbst nicht als erfreulich oder frei angesehen. Vom Standpunkt des Sozialismus aus müssen wir, meiner Meinung nach, diese Aufteilung, *Mittel* und *Zweck, Produzieren* und *Lebensstandard*, aufheben. Wir müssen das Produzieren zum eigentlichen Lebensinhalt machen und es so gestalten, es mit so viel Freiheit und Freiheiten ausstatten, daß es an sich verlockend ist."

(1953)

3 Ernst Jandl über „wien: heldenplatz"

Ich schreibe verschiedene Arten von Gedichten. „wien: heldenplatz", schrieb ich im Juni 1962, als ich nach einer längeren Pause die Produktion von Gedichten wieder aufzunehmen versuchte. Mein Beruf als Lehrer verhindert es, dass ich literarisch unproduktive Zeiten als Zeiten des Nichtstuns genieße, oder verabscheue. Dementsprechend ist der Übergang zu neuer Produktion erschwert, und erleichtert. In diesem Fall begann ich mit der Überarbeitung von früherem Material, bis ins Jahr 52 zurück. Daneben ergab sich einiges komplett Neues, darunter „wien: heldenplatz". Stoff dafür war die Erinnerung an eine Begebenheit aus dem Frühjahr 1938. Die Jahreszeit wird im Gedicht durch das Wort „pfingstig" fixiert. Ich stand, 14-jährig, auf der Wiener Ringstraße, nahe dem Heldenplatz, eingezwängt in eine Menge, die zu einer Kundgebung gekommen war. Eine direkt vor mir stehende Frau protestierte laut gegen eine unbeabsichtigte, und in dem Gedränge unvermeidliche, Bewegung meines Knies, durch die sie sich belästigt fühlte. Das prägte die Szene ein, und ergab 24 Jahre später die Zeilen: „drunter auch frauen die ans maskelknie / zu heften heftig sich versuchten, hoffensdick." und „und den weibern ward so pfingstig ums heil / zumahn: wenn ein knie-ender sie hirschelte."

Als Zentrum dieser von primitiven Regungen umspülten Situation steht, ohne Namensnennung, Hitler im Gedicht, charakterisiert in Erscheinung und Diktion: „verwegener stirnscheitelunterschwang / nach nöten nördlich, kechelte / mit zunummernder aufs bluten feilzer stimme / hinsensend sämmertliche eigenwäscher." – Individualisten.

Das Fischfangmotiv „versaggerte in maschenhaftem männchenmeere", und das Tiermotiv, mit dem Wort „wesentlich" als menschlicher Marke, „und brüllzten wesentlich" wird am Schluss zum Jagdmotiv erweitert, vom signalartigen „pirsch!" über „gottelbock", „balzerig", „knie-ender" bis „hirschelte".

Ohne das expressionistische Pathos zu übernehmen, wurde hier für die Wortbildung aus der Praxis der Expressionisten Nutzen gezogen, während die Syntax dieses Gedichts sich mit der Syntax der Umgangssprache deckt. Einen Schritt weiter zu tun, durch Deformation oder Reduktion der Syntax, hätte die Spannung innerhalb des Gedichts verringert. Diese Spannung ist die Spannung zwischen dem beschädigten Wort und der unverletzten Syntax. Das Gedicht gehört zu den spätesten in meinem Buch „Laut und Luise“. Die meisten schrieb ich zwischen 1956 und 58. Damals war meine Arbeit, wenn man vereinfacht, nach Dada, Gertrude Stein und den beiden Exponenten der „Wiener Gruppe“, die mich am stärksten beeindruckten, Artmann und Rühm, orientiert. [...] Eine damals frisch erschienene Anthologie, „Lyrik des expressionistischen Jahrzehnts“, brachte mich wieder auf Expressionismus und Dada. [...]

(1966/67)

4 Herta Müller: Über Inge Müllers Gedichte

Einen schmalen Gedichtband hat Inge Müller geschrieben. Und der Titel dieses Bandes sagt auch, warum: „Wenn ich schon sterben muss."
Wo das Wort „Freunde" auftaucht in den Gedichten, ist die Nähe durchgeschnitten vom Alleinsein. Kein Finger rührt sich, um dies zu ändern. Unbeweglich steht Leere im Gleichmaß da. Innen längst stumm und schal, außen starr.
Die Realien kommen in den Gedichten nicht voran. Es gibt nur Folgen, die Ereignisse sind bereits geschehen und wurden hart bezahlt von denen, die in sie hineingetrieben wurden, ohne dies zu wollen. Geschichte ist für Inge Müller das ständig an die Schläfe klopfende Detail des Ganzen, das, woran man im großen Lauf der Ereignisse klein zerbricht. Zweimal ist Inge Müller zerbrochen (worden). Zwei Diktaturen gingen über sie hinweg, der Nationalsozialismus und der Stalinismus. Zwei Säcke trug sie – in dem zweiten nur Ohnmacht, in dem ersten sogar Schuld. Mehr eingeredete als begangene Schuld, aber was nützt das einem Menschen, der nicht leben kann, ohne die persönliche Moral an die Geschichte anzulegen: 1945 wurde Inge Müller kurz vor Kriegsende als Luftwaffenhelferin zur Wehrmacht eingezogen. Kaum zwanzig Jahre alt, erlebte sie in der Soldatenuniform das maßlose Toben der Zerstörung in Berlin. Sie wurde unter Schutt begraben und erst drei Tage später lebendig aus diesem Grab geborgen. Kurz darauf grub sie ihre Eltern tot aus den Trümmern ihres Hauses aus. Sie wollte den Ring vom Finger der toten Mutter als Erinnerung behalten. Der Ring ließ sich vom Finger ihrer Mutter nicht abstreifen. Sie ging eine Tragbahre holen, um die Toten wegzubringen. Als sie mit der Bahre wiederkam, war der Finger mit dem Ring abgeschnitten.
Inge Müller war drei Tage dort, wo der Tod ist. Man sagt, dass man sich auf den Tod verlassen kann. Manchmal stimmt das nicht. Der Tod behielt Inge Müller nicht. Er schickte sie aus dem Schutt wieder über die Erde, ohne zu fragen, wie und ob sie das aushält.

(1996)

Foto des Elternhauses von Inge Müller. Kreuze und die Beschriftung „19 Tote“ sind von Inge Müller

Inhaltsverzeichnis

Textquellenverzeichnis

S. 6: Bertolt Brecht. In: Werke in 20 Bänden, Suhrkamp Verlag Frankfurt a. M., 1967, S. 858, Band 12 S. 258. **S. 8:** Inge Müller. In: Wenn ich schon sterben muss. Aufbau Verlag Berlin, 1997, S. 23. **S. 9:** Günter Eich. In: Abgelegene Gehöfte. edition suhrkamp 288, Suhrkamp Verlag, Frankfurt a. M., 1968, S. 38. **S. 10:** Gottfried Benn. In: Gesammelte Werke in 3 Bänden, hrsg. von Dieter Wellershoff, Bd. 1, Gedichte. Klett-Cotta Stuttgart, 1977, S. 183. **S. 11:** Nelly Sachs. In: Ausgewählte Gedichte. edition suhrkamp 18, Suhrkamp Verlag Frankfurt a. M., 1963, S. 9. **S. 12:** Lotte Paepcke. Zit. nach: Die Stunde Null in der deutschen Literatur. Hrsg. v. Jürgen Schröder u. a. Reclam Verlag Stuttgart, 1995, S. 213. **S. 13:** Erich Kästner. ©Thomas Kästner. **S. 14:** Wolfgang Bächler. Zit. nach: Hilde Domin und Clemens Greve (Hrsg.), Nachkrieg und Unfrieden. Gedichte als Index 1945–1965. Erw. Neuausgabe S. Fischer Verlag Frankfurt a. M., 1995, S. 20. **S. 15:** Günter Eich. In: Abgelegene Gehöfte. edition suhrkamp 288. Suhrkamp Verlag Frankfurt a. M., 1968, S. 38. **S. 16:** Stephan Hermlin. In: Gesammelte Gedichte. Hanser Verlag München, 1979. **S. 18:** Walter Höllerer. In: Der andere Gast, Hanser Verlag München, 1952. **S. 19:** Gottfried Benn. In: Gesammelte Werke in 3 Bänden, hrsg. von Dieter Wellershoff, Bd. 1, Gedichte. Klett-Cotta Stuttgart, 1977, S. 245. **S. 20:** Ingeborg Bachmann. In: Sämtliche Gedichte. Piper Verlag München, 1978, S. 124. **S. 21:** Bertolt Brecht. In: Werke in 20 Bänden. Suhrkamp Verlag Frankfurt a. M., 1967, S. 1000. **S. 21:** Johannes Bobrowski. In: Gedichte. Reclam Verlag Leipzig, 1990 © Deutsche Verlagsanstalt Stuttgart/München. **S. 23:** Peter Huchel. In: Chausseen, Chausseen. Suhrkamp Verlag Frankfurt a. M., 1963. **S. 24:** Marie Luise Kaschnitz. In: Neue Gedichte. Claassen Verlag Hamburg, 1956. **S. 25:** Hans Magnus Enzensberger. In: Die Gedichte. Suhrkamp Verlag, Frankfurt a. M., 1983, S. 81. **S. 26:** Günter Grass. In: Gleisdreieck. Luchterhand Verlag Darmstadt/Neuwied, 1960. **S. 27:** Hilde Domin. In: Nur eine Rose als Stütze. S. Fischer Verlag Frankfurt a. M. 1959, S. 55. **S. 28:** Helmut Heißenbüttel. In: Textbuch I, Ernst Klett Verlag Stuttgart, 1960. **S. 29:** Gottfried Benn. Gesammelte Werke in 3 Bänden, hrsg. von Dieter Wellershoff, Bd. 1, Gedichte. Klett-Cotta, Stuttgart, 1977, S. 208. **S. 29:** Bertolt Brecht. In: Werke in 20 Bänden. Suhrkamp Verlag Frankfurt a. M., 1967, Band 3, S. 997. **S. 30/31:** Paul Celan. In: Sprachgitter. Suhrkamp Verlag Frankfurt a. M., 1959. **S. 32:** Peter Huchel. In: Die Sternenreuse. Piper Verlag München, 1968. **S. 33:** Hilde Domin. In: Ich will dich. Piper Verlag München, 1970. Abdruck mit Genehmigung der S. Fischer Verlag GmbH, Frankfurt a. M. **S. 35:** Marie Luise Kaschnitz. In: Kein Zauberspruch. Insel Verlag Frankfurt a. M., 1977. **S. 36:** Marie Luise Kaschnitz. In: Ein Wort weiter. Claassen Verlag Hamburg 1965. **S. 37:** Ingeborg Bachmann. In: Sämtliche Gedichte. Piper Verlag München 1978, S. 172. **S. 38:** Eugen Gomringer. © beim Autor. **S. 39:** Hans Magnus Enzensberger. In: Landessprache. edition suhrkamp 304, Suhrkamp Verlag Frankfurt a. M. ,1960, S. 7 ff. **S. 43:** Eugen Gomringer. In: Konstellationen, ideogramme, standesbuch. Reclam Verlag Stuttgart, 1977. © beim Autor. **S. 44:** Paul Celan. In: Mohn und Gedächtnis. suhrkamp taschenbuch 231, Suhrkamp Verlag Frankfurt a. M., 1976 © 1952, S. 37 ff. **S. 46:** Immanuel Weissglas. In: Leonhard Foster: Gottes Mühlen in Berlin. In: Castrum peregrini, Heft 173/174, 1986, S. 173–174. **S. 47:** Rose Ausländer. In: Gedichte 1957–1965, Gesammelte Werke in 7 Bänden, hrsg. von Helmut Braun. S. Fischer Verlag Frankfurt a. M., 1985, S. 137. **S. 48:** Heinar Kipphardt. Zit. nach: Lesebuch. Deutsche Literatur zwischen 1945–1959. Hrsg. von Klaus Wagenbach. Wagenbach Verlag Berlin, 1980. © beim Autor. **S. 49:** Bertolt Brecht. In: Werke in 20 Bänden, Suhrkamp Verlag, Frankfurt a. M.,1967, S. 1013, S. 266. **S. 50:** Johannes Bobrowski. In: Johannes Bobrowski; Gedichte. Eine Auswahl von Eberhard Haufe. Reclam Verlag Leipzig, 1990, S. 80 © Deutsche Verlagsanstalt Stuttgart/München. **S. 51:** Ernst Jandl. In: E. J., Gesammelte Werke, 3 Bände, hrsg. v. Klaus Siblewski. Luchterhand Verlag Darmstadt/Neuwied, 1985, (Band 1). **S. 52:** Helmut Heißenbüttel. In: Textbuch I, Ernst Klett Verlag Stuttgart, 1960. **S. 52:** Martin Walser. In: Aus dem Wortschatz unserer Kämpfe. Suhrkamp Verlag Frankfurt a. M. 2002, S. 13. **S. 53:** Ernst Jandl. In: E. J., Gesammelte Werke, 3 Bände , hrsg. v. Klaus Siblewski. Luchterhand Verlag Darmstadt/Neuwied, 1985 (Band 1). **S. 54:** Helmut Heißenbüttel. In: Textbuch I, Ernst Klett Verlag Stuttgart 1960. **S. 54:** Günter Kunert. Erinnerungen an einen Planeten. Hanser Verlag München, 1963. **S. 55:** KUBA (= Kurt Bartel). Zit. nach: Lyrik der DDR. Zusammengestellt von Uwe Berger und Günther Deicke. Aufbau Verlag Berlin/Weimar, 1984, S. 100. **S. 56:** Gottfried Benn. In: Gesammelte Werke in 3 Bänden, Bd. 1. Klett-Cotta Stuttgart, 1977, S. 339 f. **S. 58:** Volker Braun. In: Gedichte. Suhrkamp Verlag Frankfurt a. M., 1979, S. 23 ff. **S. 59:** Andreas Donath. In: Hilde Domin und Clemens Greve (Hrsg.), Nachkrieg und Unfrieden. Gedichte als Index 1945–1965. Erw. Neuausgabe. S. Fischer Verlag Frankfurt, 1995, S. 60. **S. 60:** Hans Magnus Enzensberger. In: Blindenschrift. edition suhrkamp 217, Suhrkamp Verlag Frankfurt a. M., 1964, S. 32 f. **S. 61:** Ingeborg Bachmann. In: Sämtliche Gedichte. Piper Verlag München, 1978, S. 124. **S. 62:** Günter Bruno Fuchs. In: Nach der Haussuchung. Eremitenpresse Düsseldorf, 1957. **S. 63:** Günter Kunert. In: Erinnerungen an einen Planeten. Hanser Verlag München, 1963, S. 74. **S. 65:** Ingeborg Bachmann. In: Sämtliche Gedichte. Piper Verlag München, 1978, S. 171 f.**S. 66:** Günter Kunert. In: Erinnerungen an einen Planeten. Hanser

Verlag München, 1963, S. 60. **S. 67:** Günter Eich. Zit. nach: Lesebuch. Deutsche Literatur zwischen 1945–1959. Hrsg. von Klaus Wagenbach. Wagenbach Verlag Berlin, 1980, © Suhrkamp Verlag Frankfurt a. M. **S. 68:** Ilse Aichinger. In: Wo ich wohne. S. Fischer Verlag Frankfurt a. M., 1963. **S. 69:** Peter Huchel. In: Chausseen, Chausseen. Suhrkamp Verlag Frankfurt a. M., 1963. **S. 69:** Christine Lavant. In: Gedichte. Suhrkamp Verlag Frankfurt a. M., 1988, S. 81. © Otto Müller Verlag Salzburg 1962. S. **S. 70:** Paul Celan. In: Gesammelte Werke, Band I, Suhrkamp Verlag Frankfurt a. M., S. 141. **S. 71:** Ingeborg Bachmann. In: Sämtliche Gedichte. Piper Verlag München 1978, S. 38f. **S. 73:** Johannes R. Becher. Zit. nach: Lyrik der DDR. Zusammengestellt von Uwe Berger und Günther Deicke. Aufbau Verlag, Berlin/Weimar, 1984, S. 25. **S. 74:** Christa Reinig. In: Gedichte. S. Fischer Verlag Frankfurt a. M., 1963. **S. 75:** Karl Krolow. In: Ausgewählte Gedichte. edition suhrkamp 24. Suhrkamp Verlag Frankfurt a. M., 1963, S. 70. **S. 77:** Max Mell. In: Gedichte. Insel Verlag Wiesbaden, 1952. **S. 78:** Wilhelm Lehmann. In: Gesammelte Werke in 8 Bänden. Bd. I. Klett-Cotta Stuttgart, 1982, S. 383. **S. 79:** Bertolt Brecht. In: Werke in 20 Bänden, Suhrkamp Verlag Frankfurt a. M., 1967, S. 1015. **S. 80:** Johannes Bobrowski. In: Gedichte. Reclam Verlag Leipzig 1990. © Deutsche Verlagsanstalt Stuttgart/München. **S. 81:** Hilde Domin. In: Nur eine Rose als Stütze. S. Fischer Verlag Frankfurt a. M., 1959, S. 9. **S. 82:** Karl Krolow. In: K. K., Gedichte und poetologische Texte, ausgew. von Rolf Paulus. Reclam Verlag Stuttgart, 1985, S. 31 © Suhrkamp Verlag Frankfurt a. M. **S. 83:** Paul Celan. Aus: Sprachgitter. In: Gesammelte Werke, Bd. I. Suhrkamp Verlag Frankfurt a. M. 1959, S. 184. **S. 83:** Peter Huchel. In: Die Sternenreuse. Piper Verlag München, 1967. **S. 85:** Günter Eich. In: Botschaften des Regens. edition suhrkamp 48. Suhrkamp Verlag Frankfurt a. M., 1961, S. 13. **S. 86:** Peter Rühmkorf. In: Gesammelte Gedichte, Rowohlt Verlag Reinbek bei Hamburg, 1976, S. 97f. **S. 88:** Ingeborg Bachmann. In: Sämtliche Gedichte. Piper Verlag München, 1978, S. 42. **S. 89:** Paul Celan. In: Mohn und Gedächtnis. suhrkamp taschenbuch 231. Suhrkamp Verlag Frankfurt a. M., 1976, S. 33. © 1952. **S. 90:** Johannes Bobrowski. In: Gedichte. Reclam Verlag Leipzig 1990, S. 86. © Deutsche Verlagsanstalt Stuttgart/München. **S. 91:** Paul Celan. In: Die Niemandsrose. Suhrkamp Verlag Frankfurt a. M. 1963. **S. 96:** Bertolt Brecht. In: Werke. Große und kommentierte Ausgabe. Suhrkamp Verlag Frankfurt a. M. 1988, S. 224f. **S. 97:** Thomas Mann. In: Tagebücher 1944–1946, hrsg. von Inge Jens. S. Fischer Verlag Frankfurt a. M. **S. 98:** Gottfried Benn. In: Briefe an F. W. Oelze 1932–1945, hrsg. von Harald Steinhagen und Jürgen Schröder, Limes Verlag Wiesbaden, 1980. **S. 99:** Walter von Molo. In: Münchner Zeitung vom 13. 8. 1945. **S. 100:** Frank Thiess. In: Ruhr Zeitung vom 5. 1. 1946. **S. 101:** Thomas Mann. In: Gesammelte Werke, Bd. XII, Reden und Aufsätze 4, S. Fischer Verlag Frankfurt a. M., 1972. **S. 102:** Frank Thiess. In: Ruhr-Zeitung vom 5. 1. 1946. **S. 103:** Wolfdietrich Schnurre. In: Gelernt ist gelernt. Ullstein Verlag Frankfurt/Berlin, 1984, S. 73. **S. 104:** Victor Klemperer. In: Tagebücher. Niemeyer Verlag Halle/Saale, 1957, S. 21f. **S. 105:** Theodor W. Adorno. In: Prismen. Suhrkamp Verlag Frankfurt a. M., 1955. **S. 106:** Paul Celan. In: Gesammelte Werke, Band III. Suhrkamp Verlag Frankfurt a. M., 2003, S. 185f. **S. 108:** Peter von Matt. In: Frankfurter Allgemeine Zeitung vom 25. 1. 2003. **S. 117:** Ulrike Marie Meinhof. In: Janko Musulin (Hrsg.). Die Ära Adenauer. Suhrkamp Verlag Frankfurt a. M., 1964, S. 106ff. **S. 119:** Franz Werfel. In: Bayerische Landeszeitung, 25.5.1945. **S. 120:** Hannah Arendt. Besuch in Deutschland. Rotbuch Verlag Berlin, 1993, S. 23ff. **S. 122:** Alexander und Margarete Mitscherlich. In: Die Unfähigkeit zu trauern, Piper Verlag München, 1967. **S. 124:** Theodor W. Adorno. In: Erziehung zur Mündigkeit. Suhrkamp Verlag Frankfurt a. M., 1970, S. 10ff. **S. 127:** Berliner Fibel, Ferdinand Hirt Verlag Breslau, 1942. **S. 127:** Ernst Jandl. In: E. J., Gesammelte Werke, 3 Bände, hrsg. v. Klaus Siblewski. Luchterhand Verlag Darmstadt/Neuwied, 1985 (Band 1). **S. 128:** Die Zeitung „Der Ruf". In: Volker Bohn. Deutsche Literatur seit 1945. Suhrkamp Verlag Frankfurt a. M., 1993, S. 70. **S. 129:** Heinz Ludwig Arnold. In: Die Gruppe 47. Rowohlt Verlag Reinbek bei Hamburg 2004, S. 34ff. **S. 133:** Walter Hinck. In: Frankfurter Allgemeine Zeitung Nr. 85, vom 13. 4. 2005, S. 38. **S. 135:** Gottfried Benn. In: Gesammelte Werke in 3 Bänden, hrsg. von Dieter Wellershoff, Band 2, Schriften. Klett-Cotta Stuttgart, 1977, S. 494ff. **S. 139/140:** Bertolt Brecht. In: Über Lyrik. Zusammengestellt von Elisabeth Hauptmann und Rosemarie Hill. Suhrkamp Verlag Frankfurt a. M., © Stefan Brecht 1964, S. 72/73. **S. 141:** Günter Eich. In: Über Günter Eich. Hrsg. von Susanne Müller-Hanft. Suhrkamp Verlag Frankfurt a. M., 1979, S. 19f. **S. 143:** Ingeborg Bachmann. In: Gesammelte Werke, Bd. IV. Suhrkamp Verlag Frankfurt a. M., S. 303f. **S. 144:** Peter Rühmkorf. In: Strömungslehre I. Rowohlt Verlag Reinbek bei Hamburg, 1978. **S. 146:** Helmut Heißenbüttel. In: Über Literatur. Walter Verlag Olten, 1966, S. 219ff. **S. 149:** Wolfgang Bächler. In: Hilde Domin und Clemens Greve, Nachkrieg und Unfrieden. Gedichte als Index 1945–1995. S. Fischer Verlag Frankfurt a. M., 1995. S. **150:** [Zur Entstehung von Bertolt Brechts „Die Lösung"]. In: Bertolt Brecht, Gesammelte Werke, Bd. 20, Zur Politik und Gesellschaft. Suhrkamp Verlag Frankfurt a. M., 1967, S. 326. **S. 151:** Ernst Jandl. In: Ein Gedicht und sein Autor. Lyrik und Essay. Hrsg. von Walter Höllerer. dtv München 1969, S. 258f. **S. 153:** Herta Müller. In: Inge Müller, Irgendwo; noch einmal möcht ich sehn. Lyrik, Prosa, Tagebücher. Mit Beiträgen zu ihrem Werk. Aufbau Verlag Berlin, 1996.

Bildquellenverzeichnis

Cover/S. 93: Süddeutscher Verlag (G. Pfeiffer), München. **S. 7/49:** Eulenspiegel, Berlin. **S. 8:** Heisig: Museum der bildenden Künste Leipzig, © VG Bild Kunst Bonn 2000. **S. 94:** Cornell Capa Photo by Robert Capa (c) 2001 Magnum Photos / Agentur Focus. **S. 95:** Cornell Capa Photo by Robert Capa (c) 2001 Magnum Photos / Agentur Focus. **S. 111:** AKG, Berlin. **S. 113:** ullstein bild, Berlin. **S. 114.1:** AKG, Berlin. **S. 114.2:** Langewiesche-Brandt Verlag, Ebenhausen. **S. 115.1:** AKG, Berlin. **S. 115.2:** Wilhelm-Busch-Museum/Dt. Mus. f. Ka, Hannover. **S. 116.1:** Keystone, Hamburg. **S. 116:** Karikatur ein schwerer Weg CCC/www.c5.net (Ursinus/CCC,www.c5.net), Pfaffenhofen a.d. Ilm. **S. 128:** Stiftung Archiv der Akademie der Künste, Berlin (Hans-Werner-Richter-Archiv), Foto: Heinz Naumann. **S. 130:** Bernhard Jendricke. Alfred Andersch. Rowohlt Verlag Reinbek bei Hamburg, 1988. **S. 154:** Heiner-Müller-Archiv, Berlin.

Nicht in allen Fällen war es uns möglich, den Rechteinhaber ausfindig zu machen. Berechtigte Ansprüche werden selbstverständlich im Rahmen der üblichen Vereinbarungen abgegolten.

Internet-Adressen:

- Stiftung Lyrik Kabinett (München)
  www.lyrik-kabinett.de
- Gesellschaft für zeitgenössische Lyrik e.V. (GZL)
  1992 gegr. unter der Schirmherrschaft von Karl Krolow
  c/o Stadtbibliothek Wilhem-Leuschner-Platz 10/11
  04107 Leipzig
  www.lyrikgesellschaft.de

Lyrik-Anthologien zum Weiterlesen:

- Nachkrieg und Unfrieden. Gedichte als Index 1945 – 1995. Hg. von Hilde Domin und Clemens Greve. Mit einem Nachwort von Hilde Domin. Erweiterte Neuausgabe Frankfurt a. M.: Fischer 1995 (Fischer TB 1990).
- Das bleibt. Deutsche Gedichte 1945 – 1995. Hg. und mit einem Nachwort von Jörg Drews. Leipzig: Reclam 1995 (Reclam-Bibliothek 1532).
- Museum der modernen Poesie, eingerichtet von Hans Magnus Enzensberger. 2 Bände. Frankfurt a. M.: Suhrkamp 1960; Neuauflage 1980.
- Walter Höllerer (Hrsg.), Theorie der modernen Lyrik (1965). Neu herausgegeben von Norbert Miller und Harald Hartung. München, Wien: Hanser 2003.

Autoren-Lesungen:

- Ingeborg Bachmann, Anrufung des großen Bären. Gedichte und Prosa 1956-1961. Gelesen von der Autorin. 4 Audio-CDs. Der HörVerlag 2005.
- Gottfried Benn, Hörwerke, Reden, Interviews, Gedichte. 10 Audio-CDs. Zweitausendeins Verlag.
- Paul Celan, Ich hörte sagen. Gedichte und Prosa. Gelesen vom Autor. 2 Audio-CDs. Der HörVerlag 2004.
- Ernst Jandl, wien: heldenplatz. Gelesen vom Autor und Wolf Redl. 2 Audio-CDs. Der HörVerlag 1998.

Service im Internet
Unter http://www.klett.de/editionen
finden Sie eine Übersicht über alle Titel der Reihe.
Zu „Lyrik der Nachkriegszeit" gibt es weitere Materialien und Links zu wichtigen Internetadressen.